# CONTRO FACCIATA
## MATTHIAS SCHALLER

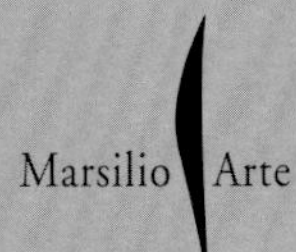




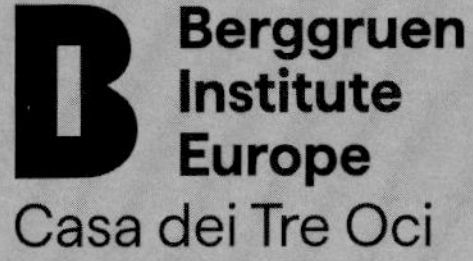

**Palazzo Diedo**
**Berggruen Arts & Culture**

*Direttore / Director*
Mario Codognato

*Curatrice / Curator*
Adriana Rispoli

*Producer*
Pietro Lunetta

*Coordinatrice delle attività /*
*Activities Coordinator*
Maria Cecilia Belis

**Berggruen Institute**
**Europe**

*Direttore / Director*
Lorenzo Marsili

*Coordinatrice delle operazioni /*
*Operations Coordinator*
Gaia Remor

*Senior Production Manager*
Giulia Carbone

**Matthias Schaller**
**Controfacciata**

5.04 – 23.11.2025
Casa dei Tre Oci, Venezia

*A cura di / Curated by*
Mario Codognato

*Coordinamento organizzativo /*
*Organizational Coordination*
Marsilio Arte
Silvia Carrer

*Ufficio Mostre /*
*Exhibition Management*
Marsilio Arte
Fosca Erlicher

*Bookshop e servizi in mostra /*
*Bookshop and Exhibition Services*
Marsilio Arte
Francesca Gennari

*Comunicazione e promozione /*
*Communication and Promotion*
Marsilio Arte
Chiara Pessina

*Progetto di allestimento /*
*Exhibition Design*
Silvio Fassi Architetti
Silvio Fassi
Sebastiano Roveroni

*Progetto grafico /*
*Graphic Design*
Sebastiano Girardi Studio
Matteo Rosso

*Produzione Grafica /*
*Graphic Production*
Gruppo Fallani

*Allestimento opere / Installation*
LT Group

*Scansioni / Digitalization*
Center Chrome, Calenzano (Fi)

*Post-produzione immagini /*
*Images Post-production*
Opero srl, Verona

*Stampe opere in mostra /*
*Printing of Exhibited Works*
Gianluca Stradiotto, Quinto (Vr)

*Cornici / Frames*
Officina Paolo e Francesco
Zanon

*Illuminazione / Lighting*
Spazioluce

*Ufficio Stampa / Press Office*
*Italia / Italy*
Marsilio Arte
Giovanna Ambrosano
*Estero / International*
Bolton&Quinn
Erica Bolton

*Comunicazione digitale e Social*
*media / Digital Communication*
*and Social Media*
Marsilio Arte
Lara Vianello *con / with*
Hubove Studio

*In collaborazione con /*
*In collaboration with*
Sonnabend Gallery
New York City

*Matthias Schaller desidera ringraziare in particolar modo /
wishes to thank particularly*

Nicolas Berggruen
Mario Codognato

Paolo Baratta, Gabriella Belli, Michele Bosco, Marianna Bressan,
Luigi Brugnaro, Nicole Bru, Massimo Cacciari, Gianna Cita,
Paolo Costa, Narek-Georges Dadour, Daniele Ferrara,
Mariacristina Gribaudi, Marco Magnifico, Sabine Meine,
Paolo Molesini, Fabio Moretti, Angelo Pagan, Giovanna Palandri,
Chiara Squarcina, Stefano Trovato, Luca Zaia.

Ketty Alverà, Mario Alverà, Giberto e Bianca Arrivabene Valenti
Gonzaga, Laurent Asscher, Ida Barbarigo, Andrea Bastianello,
Carlo Bertelli, Luca Bombassei, Francesca Bortolotto, Francesco
e Chiara Carraro, Famiglia Costa, Jean-Marie Degueldre e Gaby
Wagner, Francesco e Chiara Donà dalle Rose, Elisabetta Falck,
Enrico Falck, Ferigo Foscari e Claudia Irti, Nicoletta Fiorucci Russo,
Diane von Fuerstenberg, Filippo e Alessandra Gaggia,
Alessandro e Francesca Gallo, Giovanni e Servane Giol,
Anish Kapoor, Inti Ligabue e Cristina Trincanato, Francesco
e Jane da Mosto, Edgardo Osorio e Ricardo D'Almeida Figueiredo,
Eugenia Padulli, Luca Padulli, Pier Luigi Pizzi, Miuccia Prada,
Victoria Press, Elizabeth Royer, Ludovico Sammartini,
Maurizio Sammartini, Leonardo Visconti, Diana Ruiz-Picasso.

Brando Baccini Talwar, Toto Bergamo Rossi, Chiara Bertola,
Serena Bombassei, Bianca Bonaldi, Ben Brown, Francesca Cattoi,
Anna Chiarelli, Daniela Ferretti, Valeria Finocchi, Tonci e Barbara
Foscari, Mauro Frongia, Manuela Lucà Dazio di Castelnuovo,
Emanuela Maritan, Roger de Montebello, Carlo Naya,
Fabio Pacifico, Giulia Passante, Giovanni Rubin de Cervin
e Orsola Foscari, Alessandro Sammartini, Ida Santisi, Petra Schaefer,
Benedetta Setti, Alexandra Timonina, Alberto Torsello, Chiara Vian,
Daniele Vicentini, Wolfgang Wolters, Alessandra Zoppi.

Maria Cecilia Belis, Enrico Dalla Valentina, Luca De Michelis,
Fosca Erlicher, Silvio Fassi, Harm-Jan Helmond, Martina Mian,
Vittorio Pavan, Riccardo Pinali, Adriana Rispoli, Lorenzo Romagnoli,
Matteo Rosso, Sebastiano Roveroni.

Sandra Boehm De Benedetti, Gianfranco Ditadi e Caterina Dal Mas,
Maya Fuchs-Bortolami, Miky e Letizia Grendene, Antonio Homem,
Philip Oetker e Giulia Foscari, Ali-Reza e Martina Momeni,
Ilaria Natalucci, Paola Potena, Stefan Schaller, Queenie Wong,
Paolo e Laura Zanon, Luca Zentilini.


Matthias Schaller dedica questo progetto a Antonio Homem

# NICOLAS BERGGRUEN

L'impegno e l'attività a Venezia del Berggruen Institute e del Berggruen Arts&Culture aspirano a progettare e costruire un legame profondo tra la città con la sua storia e la sua contemporaneità e quanto accade e si dibatte nel mondo. Un ponte tra la tradizione e la continuità culturale di Venezia e la proposta culturale di una realtà globale in continua e rapida evoluzione.

In quest'ottica la mostra *Controfacciata* del fotografo tedesco Matthias Schaller coniuga l'indagine tassonomica, l'aspetto scientifico-documentativo della sua ricerca con uno degli aspetti e delle tipologie più peculiari dell'architettura veneziana dal Rinascimento in poi: il *portego* e il suo rapporto con le facciate dei palazzi.

Le finestre, in quanto punti di vista sulla città, rappresentano il rapporto tra esterno e interno e il modo in cui viene inteso. È significativo, in questo senso, che la mostra abbia luogo alla Casa dei Tre Oci, un edificio che prende il nome e deve la sua fama alle tre grandi finestre sulla sua facciata. Ed è anche significativo che questa osmosi tra interno ed esterno, tra ricerca e divulgazione, faccia parte integrante della missione del Berggruen Institute e del Berggruen Arts&Culture.

Desidero ringraziare vivamente Lorenzo Marsili e il suo team con Giulia Carbone e Gaia Remor per ospitare questo progetto e Mario Codognato e il suo team con Maria Cecilia Belis, Pietro Lunetta e Adriana Rispoli per averlo organizzato.

Ma un ringraziamento speciale va soprattutto a Matthias Schaller per aver creduto sin dall'inizio a questa nostra proposta e aver fotografato in tempo record decine di *porteghi* in tutti i sestieri della città.

Senza l'immensa e paziente disponibilità di tutti coloro che hanno messo a disposizione di Matthias le loro stupende dimore, questo progetto non avrebbe mai potuto realizzarsi. È a loro che va il mio ringraziamento più grande.

The commitment and activity in Venice of the Berggruen Institute and Berggruen Arts & Culture aspire to design and build a close tie between the city with its history and its contemporaneity and what happens and is debated in the world. A bridge between the tradition and cultural continuity of Venice and the cultural proposal of a continuously and rapidly evolving global institution.

With this in mind, the exhibition *Controfacciata* by the German photographer Matthias Schaller combines taxonomic investigation, the scientific-documentary aspect of his research, with one of the most distinctive aspects and types of Venetian architecture from the Renaissance on: the *portego* and its relation to the facades of the palaces.

Their windows, as viewing points overlooking the city, represent the relation between interior and exterior and the way it is understood. It is significant, in this respect, that the exhibition is being held in the Casa dei Tre Oci, a building that owes its name and fame to the three large windows in its façade. And it is also significant that this osmosis between interior and exterior, between research and dissemination, is an integral part of the mission of the Berggruen Institute and Berggruen Arts & Culture.

I wish to warmly thank Lorenzo Marsili and his team with Giulia Carbone and Gaia Remor for hosting this project and Mario Codognato and his team with Maria Cecilia Belis, Pietro Lunetta and Adriana Rispoli for organising it.

But, above all, special thanks go to Matthias Schaller for believing in our proposal from the start, and photographing dozens of *porteghi* in all the districts of the city in record time.

Without the immense and patient helpfulness of all those who opened their beautiful homes to Matthias, this project could never have been realized. It is to them that my warmest thanks are due.

*in copertina*
Palazzo Papadopoli, 2007

*Traduzione*
Richard Seidler

*Progetto grafico e impaginazione*
Sebastiano Girardi Studio

*Redazione*
Stefano Grandi

MARIO CODOGNATO

# IL RITRATTO DELL'ASSENZA.
# UN TESTO E UN DIALOGO
# (NON NECESSARIAMENTE IN QUEST'ORDINE)

## THE PORTRAIT OF ABSENCE.
## A TEXT AND A DIALOGUE
## (NOT NECESSARILY IN THAT ORDER)

«Qualunque siano il rumore e la violenza
che la circondano, la foto restituisce l'oggetto
all'immobilità e al silenzio. In piena confusione
urbana, essa ricrea l'equivalente del deserto,
un isolamento fenomenale. La foto è il solo
modo di percorrere la città in silenzio,
di attraversare il mondo in silenzio»

'Whatever the noise and the violence around it,
the photograph restores the object to a state of
stillness and silence. In the midst of the urban
hustle and bustle, it recreates the equivalent of
the desert, a phenomenal isolation. The photo
is the only way of passing through cities
in silence, of traversing the world in silence.'

JEAN BAUDRILLARD

Nel nuovo progetto *Controfacciata*, Matthias Schaller prosegue il proprio percorso di indagine sulla rappresentazione dell'assenza, realizzando una serie di fotografie di interni privati veneziani con un'unica eccezione, la basilica di San Marco, scattate durante l'ultimo inverno. La serie si inscrive nella sua più ampia ricerca antropologica e fotografica che utilizza l'immagine per esplorare la relazione tra il contesto e l'identità di chi lo abita o lo ha abitato. In linea con il suo approccio metodico e tassonomico, evita la presenza umana diretta, concentrandosi invece sugli spazi architettonici e sugli oggetti, i quali diventano testimoni silenziosi di storie passate e mutevoli assetti sociali. Matthias Schaller si muove all'interno di una dialettica culturale complessa, in bilico

In his new *project Controfacciata*, Matthias Schaller continues to investigate the representation of absence, creating a series of photographs of private Venetian interiors, with one exception: St. Mark's Basilica, taken last winter. The series is part of his broader anthropological and photographic research, which uses the image to explore the relationship between the setting and the identity of those who live, or have lived, in it. In keeping with his methodical and taxonomic approach, he avoids the direct human presence, instead focusing on architectural spaces and objects, which become silent witnesses to past histories and changing social structures. Matthias Schaller moves within a complex cultural dialectic, poised between the analytical pre-

tra la precisione analitica e il rigore metodologico della scuola fotografica tedesca e il lirismo della tradizione artistica italiana. Nato e formatosi in Germania, Schaller eredita dalla scuola tedesca l'approccio tassonomico e seriale alla fotografia, condividendo con maestri come August Sander e i coniugi Bernd e Hilla Becher una rigorosa metodologia di catalogazione visiva. Tuttavia la lunga frequentazione dell'Italia, e in particolare di Venezia, gli permette di assorbire un'estetica più narrativa e sensibile alle qualità atmosferiche dello spazio. L'influenza della scuola fotografica tedesca si manifesta nel *modus operandi*: la ripetizione sistematica dei soggetti, la ricerca di una neutralità formale e l'assenza dell'uomo. Rispetto alla rigidità tipologica derivante dal processo di classificazione, Schaller introduce però una dimensione più evocativa, in cui la luce e il tempo diventano elementi centrali per una narrazione più fluida e poetica. Questo approccio lo lega a una tradizione in cui l'immagine non è un semplice strumento documentario, ma un mezzo per interrogare il rapporto tra individuo e ambiente ed è proprio in questo aspetto che si legge la sua anima da antropologo.

Come già accaduto nelle sue serie precedenti, da *Tavolozze* a *Leiermann*, Schaller restituisce un'immagine seriale del soggetto indagato, che assume ai suoi occhi un valore artistico solo quando nel loro insieme possano costituire un "ritratto". Dopo quasi vent'anni dalla prima serie *Controfacciata* l'artista torna nella città lagunare che, con la sua peculiare stratificazione storica e la sua crisi demografica, rappresenta un esempio emblematico di trasformazione e decadenza. Un microcosmo che riflette le dinamiche globali della contemporaneità, un laboratorio mutevole dove si sperimentano le conseguenze del cambiamento climatico e le esigenze di trasformazione urbana.

Se negli ultimi decenni, il progressivo svuotamento della città e la sua conversione in un polo turistico di massa hanno ridefinito la sua identità sociale ed economica, recentemente Venezia sembra essere tornata meta di una rinnovata attenzione culturale. Schaller coglie questa mutazione attraverso le proprie immagini, in cui le controfacciate diventano un emblema di una città che si sta trasformando sotto la spinta di nuove economie e flussi globali velatamente dichiarando la riconversione degli spazi abitativi in strutture ricettive che ne hanno alterato il tessuto sociale e allo stesso tempo congelata negli immutabili sfarzi.

cision and methodological rigour of the German photographic school and the lyricism of the Italian artistic tradition. Born and trained in Germany, Schaller inherited the German school's taxonomic and serial approach to photography, sharing a rigorous methodology of visual cataloguing with masters such as August Sander and Bernd and Hilla Becher. However, the long periods he has spent in Italy, and Venice in particular, have enabled him to absorb a more narrative aesthetic sensitive to the atmospheric qualities of space. The influence of the German photographic school is evident in his working method: the systematic repetition of subjects, the search for formal neutrality and the absence of people. Compared to the typological rigidity deriving from the process of classification, Schaller introduces a more evocative dimension, in which light and time become central factors in a more fluid and poetic narrative. This approach binds him to a tradition in which the image is not a simple documentary instrument, but a means for questioning the relationship between individuals and their setting, and it is precisely in this aspect that one can interpret his soul as an anthropologist.

As already happened in his previous series, from *Palettes* to *Leiermann*, Schaller presents a serial image of the subject that he investigates. In his eyes it acquires an artistic value only when, taken together, they can form a 'portrait'. **Almost twenty years since the** first series of *Controfacciata*, **the artist** returns to the city in the lagoon, with its distinctive historical stratification and its demographic crisis, representing an emblematic example of change and decay. A microcosm that reflects the global dynamics of contemporaneity, a mutable laboratory, where one experiences the consequences of climate change and the needs for urban transformation.

While in recent decades, the progressive emptying of the city and its conversion into a mass tourist hub have redefined its social and economic identity, recently Venice seems to have again become the object of a renewed cultural attention. Schaller captures this mutation through his images, in which the counter-façades become an emblem of a city being transformed under the pressure of new economies and global flows, covertly revealing the conversion of living spaces into accommodation facilities that have altered the social fabric, and at the same time frozen in immutable splendour.

La fotografia di Schaller è un "ritratto senza volto", un'analisi profonda dell'identità attraverso la sua stessa sottrazione. Le controfacciate, termine peculiare dell'architettura ecclesiastica, assumono un significato metaforico, diventano la superficie riflettente di una memoria urbana e culturale che si dissolve nel tempo. La scelta di fotografare questi spazi in inverno contribuisce a creare un'atmosfera sospesa, rarefatta, in cui la luce naturale gioca un ruolo essenziale. Le stanze vuote, percorse da un silenzio assoluto, sembrano vibrare di una presenza fantasmagorica, evocando la vita che un tempo vi si svolgeva.

Colpisce l'uniformità della luce, protagonista astratta dell'*opus Controfacciata*: una luce che raggela le architetture come fossero costruite per catturarne e amplificarne la qualità effimera, a conservare il ricordo di una presenza che sta progressivamente svanendo. Le vibrazioni dell'acqua su cui è costruita Venezia si riflettono nella qualità luministica dei suoi interni. La luce si insinua attraverso le finestre, rimbalzando sulle pareti affrescate, sui soffitti decorati, sui pavimenti consumati dal tempo. Il lavoro di Schaller trasforma questa luce in un vero e proprio strumento narrativo, amplificando il senso di attesa e sospensione che permea ogni fotografia. La controfacciata diventa così una soglia, un confine tra il dentro e il fuori, tra la presenza e l'assenza.

Schaller's photography is a 'faceless portrait', a profound analysis of identity through its own removal. The counter-façades, a term peculiar to ecclesiastical architecture, take on a metaphorical significance. They become the reflective surface of an urban and cultural memory that dissolves over time. The decision to photograph these spaces in winter helps create a suspended, rarefied atmosphere, in which natural light plays an essential role. The empty rooms, traversed by absolute silence, seem vibrant with a phantasmagorical presence, evoking the life that once unfolded there.

The uniformity of light, the abstract protagonist of the work *Controfacciata*, is striking: light that freezes the architecture as if it were built to capture and amplify its ephemeral quality, to preserve the memory of a presence that is progressively fading. The shimmering of the water on which Venice is built is reflected in the glowing quality of its interiors. Light seeps through the windows and is reflected from the frescoed walls, the ornate ceilings, the time-worn floors. Schaller's work transforms this light into a veritable narrative instrument, amplifying the sense of expectancy and suspension pervading each photograph. The counter-façade thus becomes a threshold, a boundary between inside and outside, between presence and absence.

**Mario Codognato:** Matthias, come scegli i soggetti dei tuoi libri e delle tue serie fotografiche? Qual è il criterio per cui scegli un tema?

**Matthias Schaller:** Bella domanda! Non mi sono mai chiesto esattamente come avvenga la scelta. Direi che è un processo intuitivo. Qualcosa mi incuriosisce, mi attrae per la sua bellezza o mi pone una domanda. Tuttavia, non tutto ciò che mi affascina diventa automaticamente una serie fotografica. È un processo in divenire, non strategico. Solo dopo aver riflettuto, decido se un tema ha la forza per diventare una serie. Alla base di tutto c'è sempre una domanda che mi guida: il concetto di ritratto indiretto. Se un luogo o un oggetto riesce a rispondere a questa esigenza, allora diventa parte della mia ricerca.

**Mario Codognato:** Matthias, how do you choose the subjects of your books and photographic series? What is the criterion by which you choose a theme?

**Matthias Schaller:** Good question! I have never asked myself exactly how the choice is made. I would say that it is an intuitive process. Something intrigues me, attracts me by its beauty or asks me a question. However, not everything that fascinates me automatically becomes a photographic series. It is an ongoing process, not a strategic one. Only after I've thought about it do I decide whether a theme has the strength to become a series. Underlying everything, there is always a question that guides me: the concept of an indirect portrait. If a place or an object can respond to this need, then it becomes part of my research.

**MC:** Le tue controfacciate sono il ritratto di cosa? Della città o delle persone che vivono nei palazzi che fotografi?

**MS:** Direi entrambe le cose. Da un lato, è un ritratto architettonico di una città, ma si estende anche a una riflessione più ampia sulla sua situazione sociale e urbanistica. Venezia è un esempio emblematico: ho iniziato il libro con l'immagine della controfacciata della basilica di San Marco, l'unico edificio non civile del progetto. Questo perché il termine "controfacciata" appartiene al linguaggio architettonico ecclesiastico, e mi affascinava l'idea di trasportare questa definizione in un contesto urbano più ampio.

**MC:** La tua passione tassonomica ha un carattere quasi scientifico. Le tue inquadrature sono sempre studiate e mai improvvisate. Ti senti parte della tradizione fotografica tedesca?

**MS:** Sì, mi riconosco in questa tradizione e voglio portarla avanti. La fotografia tassonomica ha radici nella scienza, già nell'Ottocento con la biologia e la teoria evolutiva di Darwin. Questo approccio si è poi trasferito nella fotografia tedesca del Novecento, con autori come August Sander. Per me, questo metodo non è solo un riferimento culturale, ma anche una scelta consapevole.

**MC:** Hai fotografato molte controfacciate vent'anni fa e oggi hai ripreso quel lavoro. Hai notato dei cambiamenti?

**MS:** Sì, e non solo nei dettagli architettonici. C'è una trasformazione sociale evidente. Negli ultimi anni, sempre più edifici privati sono diventati hotel di lusso, modificando il tessuto urbano. Questa accelerazione è stata particolarmente intensa negli ultimi dieci anni. Tuttavia, la riqualificazione ha anche portato maggiore sicurezza per questi edifici storici, anche se il prezzo da pagare è la perdita di autenticità.

**MC:** La luce sembra essere un elemento centrale nelle tue foto veneziane. Venezia ha una luce particolare?

**MC:** Your counter-façades are the portrait of what? Of the city, or of the people who live in the buildings you photograph?

**MS:** I'd say both. On the one hand, it is an architectural portrait of a city, but it also extends to a broader reflection on its social and urban situation. Venice is an emblematic example. I began the book with the image of the counter-façade of St. Mark's Basilica, the only non-civil building in the project. This is because the term 'counter-façade' belongs to ecclesiastical architectural language, and I was fascinated by the idea of translating this definition into a broader urban context.

**MC:** Your taxonomic passion has an almost scientific character. Your shots are always studied and never improvised. Do you feel part of the German photographic tradition?

**MS:** Yes, I identify myself with this tradition and I want to continue it. Taxonomic photography has its roots in science, as early as the nineteenth century with biology and Darwin's evolutionary theory. This approach was then transferred to twentieth-century German photography, with authors such as August Sander. To me, this method is not just a cultural reference, but also a conscious choice.

**MC:** You photographed many counter-façades twenty years ago, and today you have resumed that work. Have you noticed any changes?

**MS:** Yes, and not just in the architectural details. There is an evident social transformation. In recent years, increasing numbers of private buildings have become luxury hotels, altering the urban fabric. This acceleration has been particularly intense over the past decade. However, the redevelopment has also brought greater security for these historic buildings, even though the price paid is loss of authenticity.

**MC:** Light seems to be a central feature of your Venetian photos. Does Venice have a special light?

**MS:** Assolutamente. Venezia è una città costruita sull'acqua, e questo influisce sulla diffusione della luce. Gli interni veneziani reagiscono diversamente rispetto a quelli di altre città. Ho studiato come gli architetti veneziani abbiano progettato spazi in modo da catturare e riflettere la luce naturale. Anche i materiali e le tecniche pittoriche delle pareti contribuiscono a questo effetto unico.

**MC:** Venezia è spesso vista come un laboratorio per i cambiamenti urbani e sociali. Cosa ne pensi?

**MS:** Concordo. Venezia è un laboratorio vivente dove si affrontano questioni cruciali come il turismo di massa, l'innalzamento del livello del mare e la trasformazione urbana. Il mio progetto più recente sui vinili riflette proprio su questo: ho usato dischi in vinile di musica punk degli anni settanta per rappresentare le onde della laguna. L'idea è che Venezia, con la sua apparente antichità, sia in realtà estremamente contemporanea, un luogo dove si confrontano le grandi sfide globali.

**MC:** Nei tuoi lavori emerge sempre un forte legame con l'Italia, ma con un approccio quasi storico e archeologico. Come si concilia questo aspetto con la tua origine tedesca?

**MS:** Questo è un punto interessante. Mi trovo spesso in una posizione di equilibrio tra due culture. La mia metodologia tassonomica è tipicamente tedesca, ma il mio approccio estetico e concettuale si nutre della cultura italiana. Non sono un documentarista puro: manipolo le immagini per trasmettere un'idea come nel caso delle controfacciate. Non voglio solo registrare, ma reinterpretare la realtà. Pensa al mio lavoro sui teatri, *Fratelli d'Italia*. Per quindici anni ho attraversato l'Italia, letteralmente dalle Alpi alla Sicilia, fotografando le migliaia di teatri che con la loro forma e funzione reiterata in ogni angolo della Penisola, unifica metaforicamente il paese e la sua storia. Prendendo spunto dalle tappe del *Viaggio in Italia* di Goethe da Trento ad Agrigento volevo mettere in discussione gli stereotipi del popolo tedesco nei con-

**MS:** Absolutely. Venice is a city built on water, and this affects the diffusion of light. Venetian interiors respond differently from those in other cities. I've studied how Venetian architects designed spaces so as to capture and reflect natural light. The materials and the techniques used for painting the walls also contribute to this unique effect.

**MC:** Venice is often seen as a laboratory for urban and social change. What do you think?

**MS:** I agree. Venice is a living laboratory where crucial issues have to be addressed, such as mass tourism, rising sea levels and urban transformation. My most recent project on vinyl reflects on this. I used punk vinyl records from the seventies to represent the waves of the lagoon. The idea is that Venice, with its apparent antiquity, is actually extremely contemporary, a place facing great global challenges.

**MC:** In your works there is always a strong bond with Italy, but with an almost historical and archaeological approach. How is this factor reconciled with your German origin?

**MS:** That's an interesting point. I often find myself in a position of balance between the two cultures. My taxonomic methodology is typically German, but my aesthetic and conceptual approach is nurtured by Italian culture. I'm not a pure documentary photographer. I manipulate images to convey an idea, as in the case of the counter-façades. I don't want to just record, but to reinterpret reality. Think of my work on theatres, *Fratelli d'Italia*. For fifteen years I travelled the length of Italy, literally from the Alps to Sicily, photographing the thousands of theatres, which by their form and function, iterated in every corner of the Peninsula, metaphorically unify the country and its history. Taking the cue from the stages of Goethe's *Italian Journey*, from Trento to Agrigento, I wanted to question the German people's stereotypes of Italy. The theatres were built mainly in a historical phase when the aim was to

fronti dell'Italia. I teatri, costruiti prevalentemente in un momento storico in cui si intendeva sottolineare, anche in architettura, l'unità di una nazione appena nata, si configurano come una sorta di icona sotto la quale si celano ancora tantissime sperequazioni economiche e sociali. Il lavoro sui teatri come quello delle controfacciate non documenta solo una tipologia ma ne rivela e sottolinea le implicazioni culturali, una forma contemporanea di antropologia.

**MC:**  I tuoi lavori funzionano grazie alla loro ripetizione seriale. Hai mai pensato di esporre un'unica fotografia per ogni serie?

**MS:**  Sarebbe un esperimento interessante, ma il mio approccio si basa sulla comparazione. Se fotografassi una sola tavolozza o un solo teatro, perderei la possibilità di mostrare il confronto, che è il cuore della mia ricerca. Il mio obiettivo è far emergere somiglianze e differenze, e questo richiede una moltitudine di immagini.

**MC:**  Quindi, il tuo lavoro si fonda su una visione d'insieme piuttosto che su un singolo scatto?

**MS:**  Esatto. Il mio modo di guardare il mondo è attraverso il confronto e la serialità. Un'immagine singola non riesce a raccontare ciò che voglio esprimere. Ogni mia mostra e ogni mio libro sono costruiti con questa logica, per invitare il pubblico a confrontare e riflettere.

emphasise, in architecture as in other ways, the unity of the newborn nation. They are configured as a sort of icon behind which many economic and social inequalities are still concealed. The work on theatres, like that on counter-façades, doesn't just document a typology. It reveals and emphasises its cultural implications, a contemporary form of anthropology.

**MC:**  Your works function through their serial repetition. Have you ever thought of exhibiting a single photograph for each series?

**MS:**  That would be an interesting experiment, but my approach is based on comparison. If I were to photograph a single palette or a single theatre, I would lose the potential for showing a comparison, which is the heart of my research. My purpose is to bring out similarities and differences, and this requires a multitude of images.

**MC:**  So, your work is based on an overview rather than on a single shot?

**MS:**  Exactly. My way of looking at the world is through comparison and seriality. A single image cannot say what I want to express. Each of my exhibitions and each of my books is built with this logic, to invite the public to compare and reflect.

SILVIO FASSI

# LA CONTROFACCIATA VENEZIANA: SPAZIALITÀ E TRASPARENZE

## THE VENETIAN COUNTER-FAÇADE: SPATIALITY AND TRANSPARENCIES

Nell'architettura veneziana, la facciata non è un semplice involucro decorativo, ma un filtro dinamico tra interno ed esterno, un diaframma poroso che regola la luce, la vista e la relazione tra lo spazio pubblico e quello privato.

La mostra di Matthias Schaller esplora proprio questa dimensione attraverso un'indagine fotografica sulle controfacciate, evidenziando il loro ruolo nella definizione della spazialità dei palazzi veneziani. Il *portego*, elemento distributivo centrale e cuore della vita economica, commerciale e familiare veneziana, era il fulcro delle attività mercantili e sociali della città. Nei palazzi patrizi e nelle case-fondaco, fungeva da spazio multifunzionale in cui si svolgevano trattative commerciali, incontri d'affari e scambi di merci. La sua posizione strategica, affacciata sui canali o sulle calli principali, facilitava l'accesso diretto a mercanti e clienti, rendendolo un nodo essenziale del commercio veneziano. Oltre alla sua funzione economica, il *portego* era anche il centro della vita domestica, dove le famiglie si riunivano per eventi sociali, celebrazioni e momenti di rappresentanza.

Il *portego* trova nella facciata un punto di intersezione fondamentale. Nei palazzi affacciati sui canali, questa si tra-

In Venetian architecture, the façade is not a simple decorative envelope, but a dynamic filter between interior and exterior, a permeable screen that regulates light, sightlines and the relation between public and private space.

The Matthias Schaller exhibition explores precisely this dimension through a photographic investigation of the counter-façades, bringing out their role in defining the spatiality of Venetian palaces. The *portego*, a central distributional space and the heart of Venice's economic, commercial and family life, was the core of the city's mercantile and social activities. In the patrician palaces and residence-warehouses, it served as a multifunctional space where commercial negotiations, business meetings and exchanges of goods took place. Its strategic position, overlooking the canals or the main streets, facilitated direct access by merchants and customers, making it an essential node of Venetian trade. In addition to its economic function, the *portego* was also the centre of domestic life, where families gathered for social events, celebrations, and occasions of representation.

The *portego* had a fundamental point of intersection in the façade. In the buildings facing the canals, this was transfor-

sforma in una transenna luminosa, che consente alla luce di penetrare all'interno senza interrompere la continuità visiva tra l'acqua e lo spazio abitato. Le grandi polifore gotiche e le serliane rinascimentali ne esemplificano l'evoluzione: le prime con la loro leggerezza traforata, le seconde con una rigorosa simmetria classica che amplifica la connessione visiva tra interno ed esterno.

L'analisi di Manfredo Tafuri sull'architettura veneziana sottolinea come la facciata non sia solo un confine fisico, ma un elemento regolatore della luce e dello spazio, una superficie permeabile che articola il rapporto tra il *portego* e la città, la facciata veneziana non è concepita come barriera, ma come filtro tra la dimensione privata della dimora e il mondo urbano, un elemento di mediazione tra interno ed esterno che contribuisce alla definizione di un linguaggio architettonico unico.

Anche Paolo Maretto evidenzia il ruolo fondamentale della facciata nella definizione dello spazio urbano veneziano. Secondo Maretto la facciata veneziana non è soltanto il volto dell'edificio, ma un elemento strutturale che media tra l'ambiente costruito e il paesaggio lagunare, contribuendo all'identità visiva della città. Questa concezione si radica già nelle case-fondaco bizantine, con le loro lunghe teorie di strette aperture seriali, evolvendosi con la casa gotica, che sfrutta la libertà costruttiva derivata dall'architettura navale per articolare cortili e saloni a L.

Durante il Rinascimento l'arrivo a Venezia di Jacopo Sansovino e poi la successiva diffusione della serliana trasformano ulteriormente la concezione spaziale della facciata, che si arricchisce di nuove proporzioni geometriche e materiali più raffinati. Parallelamente, l'evoluzione dei serramenti, grazie ai progressi nelle tecniche muranesi, permette di ottenere vetri più ampi e meno deformanti, riducendo l'uso del piombo e introducendo persiane e gelosie per il controllo della luce e della privacy.

La configurazione spaziale del *portego* cambia quindi nel tempo: da un ambiente parallelo alla facciata, diventa progressivamente un salone perpendicolare, assumendo un ruolo sempre più centrale nella composizione architettonica. Questo passaggio segna anche un'evoluzione decorativa, trasformando gli spazi interni da semplici ambienti funzionali a scenografie riccamente adornate con dipinti, stucchi e ori.

Un caso emblematico della reinterpretazione moderna di questa tradizione è la novecentesca Casa dei Tre Oci alla

med into a glowing openwork screen, allowing light to penetrate inside without interrupting the visual continuity between the water and the dwelling space. The large Gothic mullioned windows and Renaissance Serlian windows exemplify its evolution. The former, with their openwork lightness, the latter with a rigorous classical symmetry that amplifies the visual connection between interior and exterior.

Manfredo Tafuri's analysis of Venetian architecture stresses that the façade is not only a physical boundary, but an element that regulates light and space, a permeable surface that articulates the relationship between the *portego* and the city. The Venetian façade is not conceived as a barrier, but as a filter between the private dimension of the home and the urban world, an element that mediates between interior and exterior, contributing to the definition of a unique architectural language.

Paolo Maretto also brings out the fundamental role of the façade in defining the Venetian urban space. According to Maretto, the Venetian façade is not just the face of the building, but a structural element that mediates between the built environment and the landscape of the lagoon, shaping the city's visual identity. This conception was already rooted in the Byzantine residence-warehouses, with their long rows of narrow serial openings, evolving with the Gothic dwelling, which exploited the constructional freedom derived from naval architecture to articulate the courtyards and L-shaped saloons.

During the Renaissance, the arrival in Venice of Jacopo Sansovino and then the subsequent spread of the serliana further transformed the spatial conception of the façade, which was enriched with new geometric proportions and more refined materials. At the same time, the evolution of windows and doors, thanks to the technical advances on Murano, made it possible to produce larger and less deforming glass, reducing the use of lead and introducing shutters and louvred blinds to control light and privacy.

The spatial configuration of the *portego* therefore changed over time. From being a chamber set parallel to the façade, it progressively became a saloon set perpendicular to it, taking on an increasingly central role in the architectural composition. This transition also marked a decorative evolution, transforming the interiors from simple functional spaces to scenic settings richly adorned with paintings, stuccoes and gold.

Giudecca, progettata nei minimi dettagli da Mario de Maria. Con le sue iconiche finestre ispirate al Palazzo Ducale, questa residenza incarna il dialogo tra tradizione e innovazione, una dialettica che Matthias Schaller cattura con la sua fotografia, ponendo in luce il costante gioco tra interno ed esterno, tra storia e contemporaneità.

L'architettura veneziana si configura così come un sistema di relazioni spaziali e luminose, dove la facciata assume il ruolo di una transenna architettonica: un dispositivo che non solo regola la relazione tra interno ed esterno, ma che rappresenta anche un principio compositivo e funzionale. Attraverso le geometrie delle sue aperture, le superfici che modulano la luce e la continuità con il paesaggio urbano, la controfacciata veneziana racconta una storia di trasformazione continua, testimoniando così l'evoluzione della città lagunare e della sua capacità di adattarsi senza perdere la propria identità.

An emblematic case of the modern reinterpretation of this tradition is the twentieth-century Casa dei Tre Oci on the Giudecca, designed in detail by Mario de Maria. With its iconic windows inspired by the Doge's Palace, it embodies the dialogue between tradition and innovation, a dialectic that Matthias Schaller captures with his photography, highlighting the constant interplay between interior and exterior, history and contemporaneity.

Venetian architecture is thus configured as a system of spatial and luminous relationships, where the façade has the role of an architectural pierced screen: a device that not only regulates the relation between interior and exterior, but is also a compositional and functional principle. Through the geometries of its apertures, the surfaces that modulate the light and its continuity with the urban landscape, the Venetian counter-façade tells a story of continuous change, testifying to the city's evolution and its ability to adapt without losing its identity.

# CONTRO FACCIATA
## MATTHIAS SCHALLER

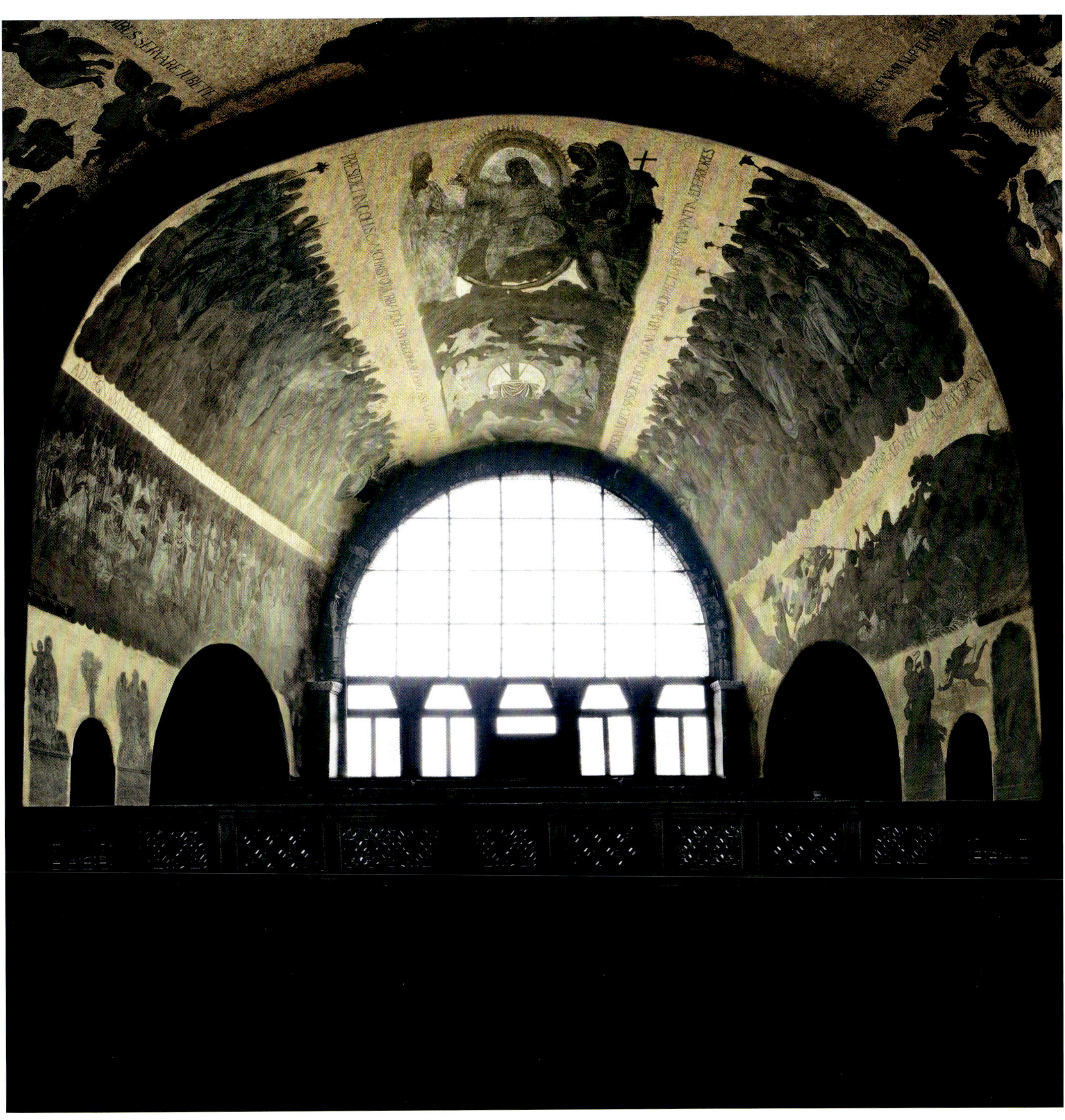

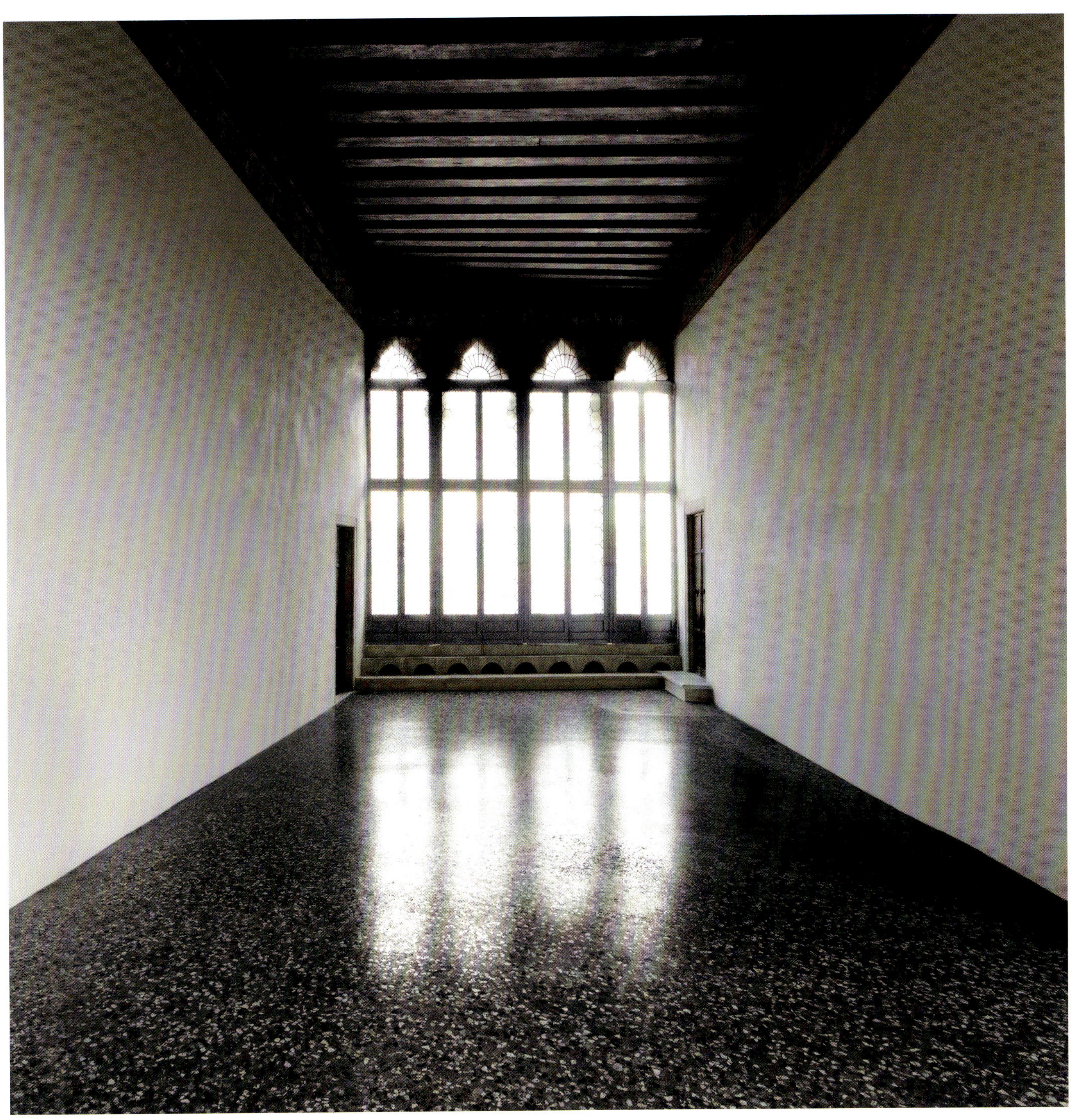

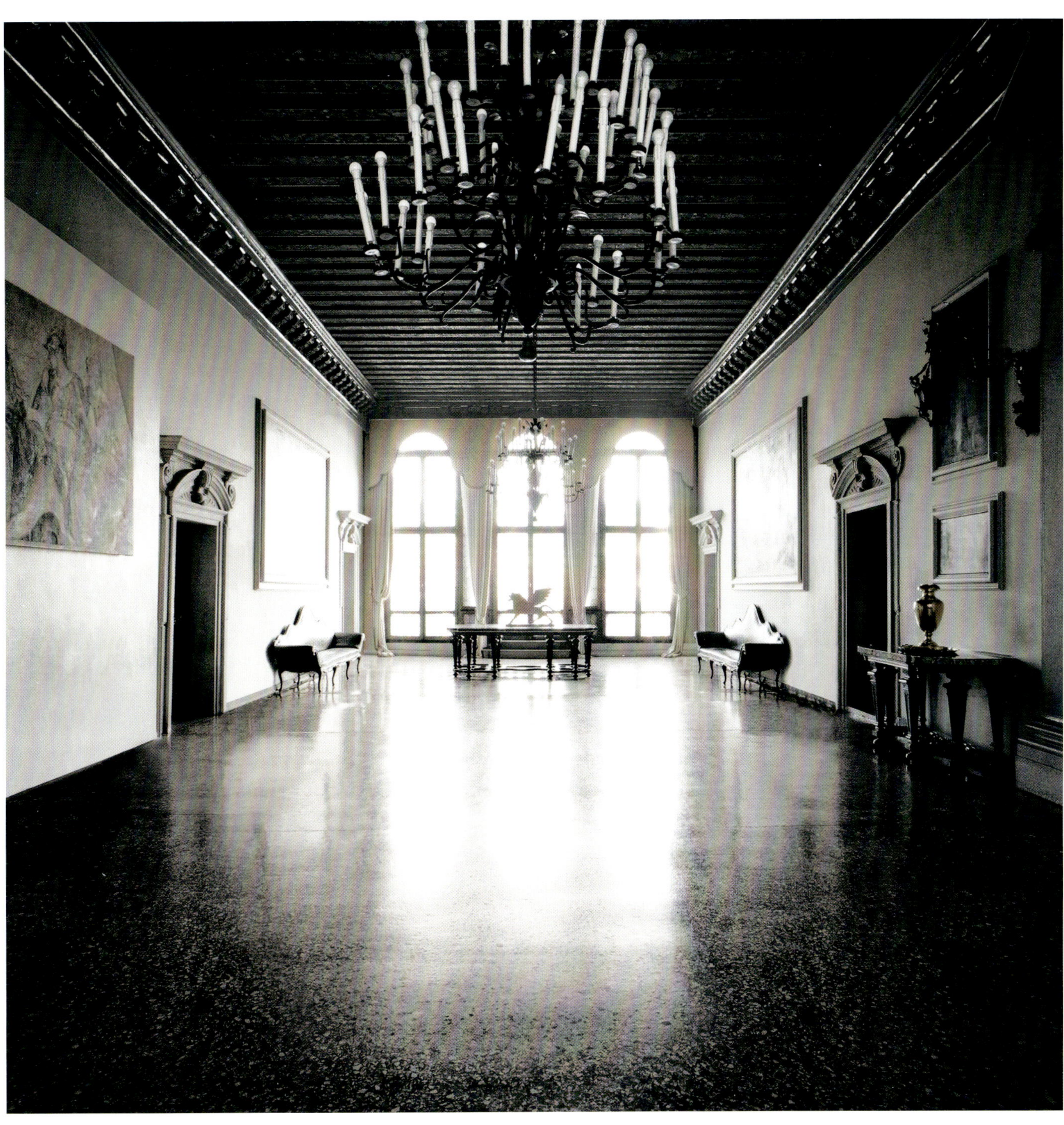

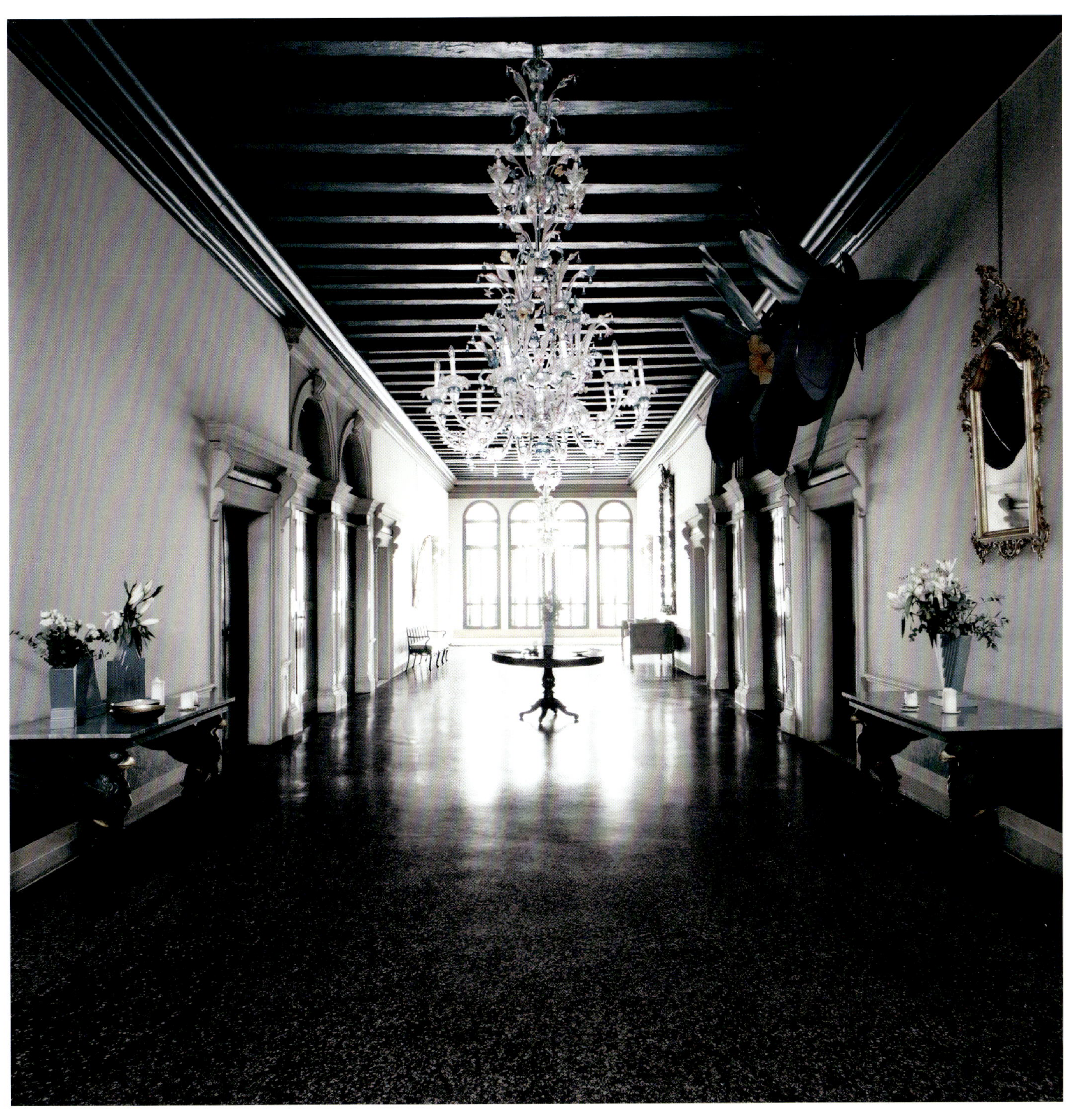

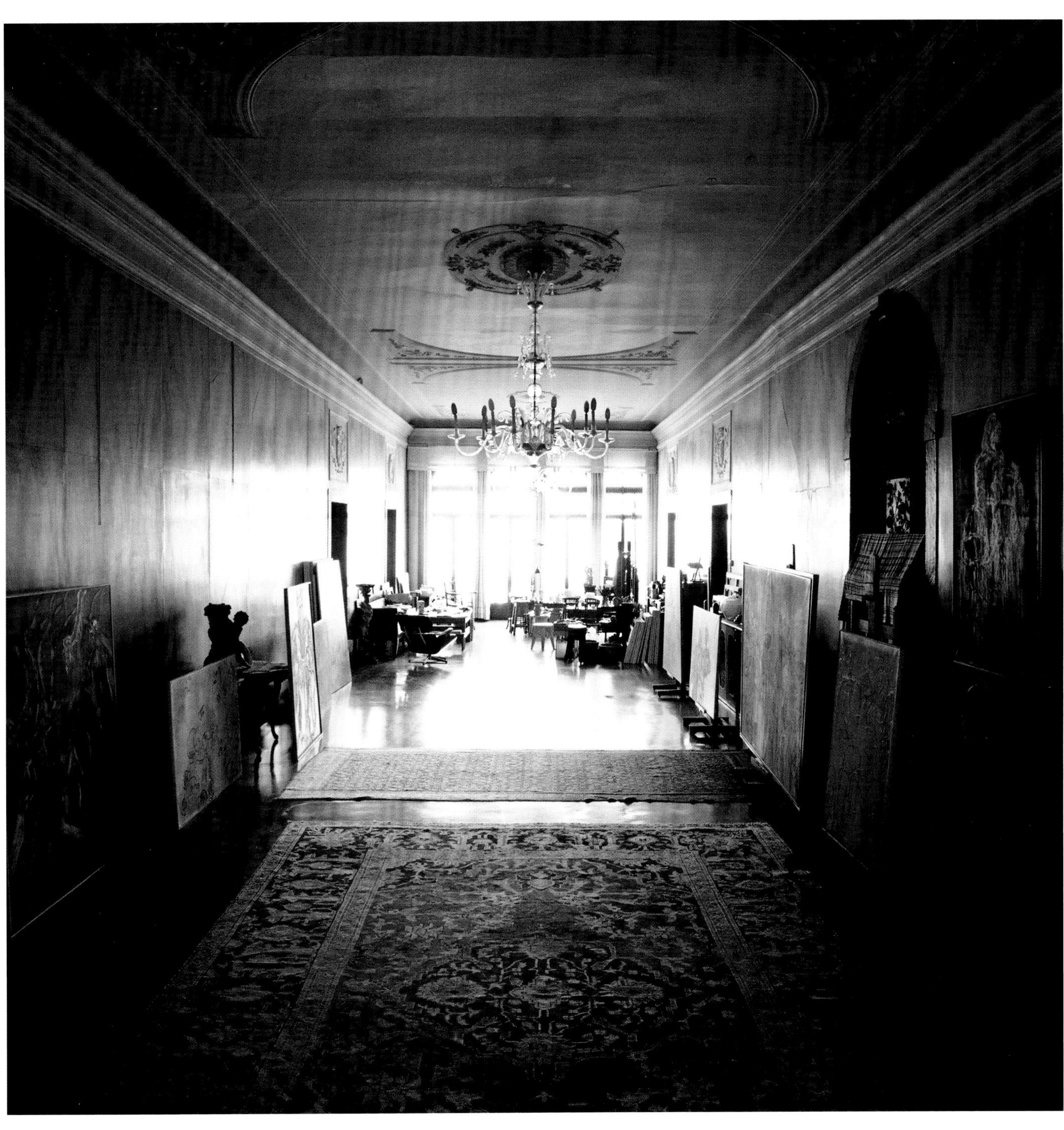

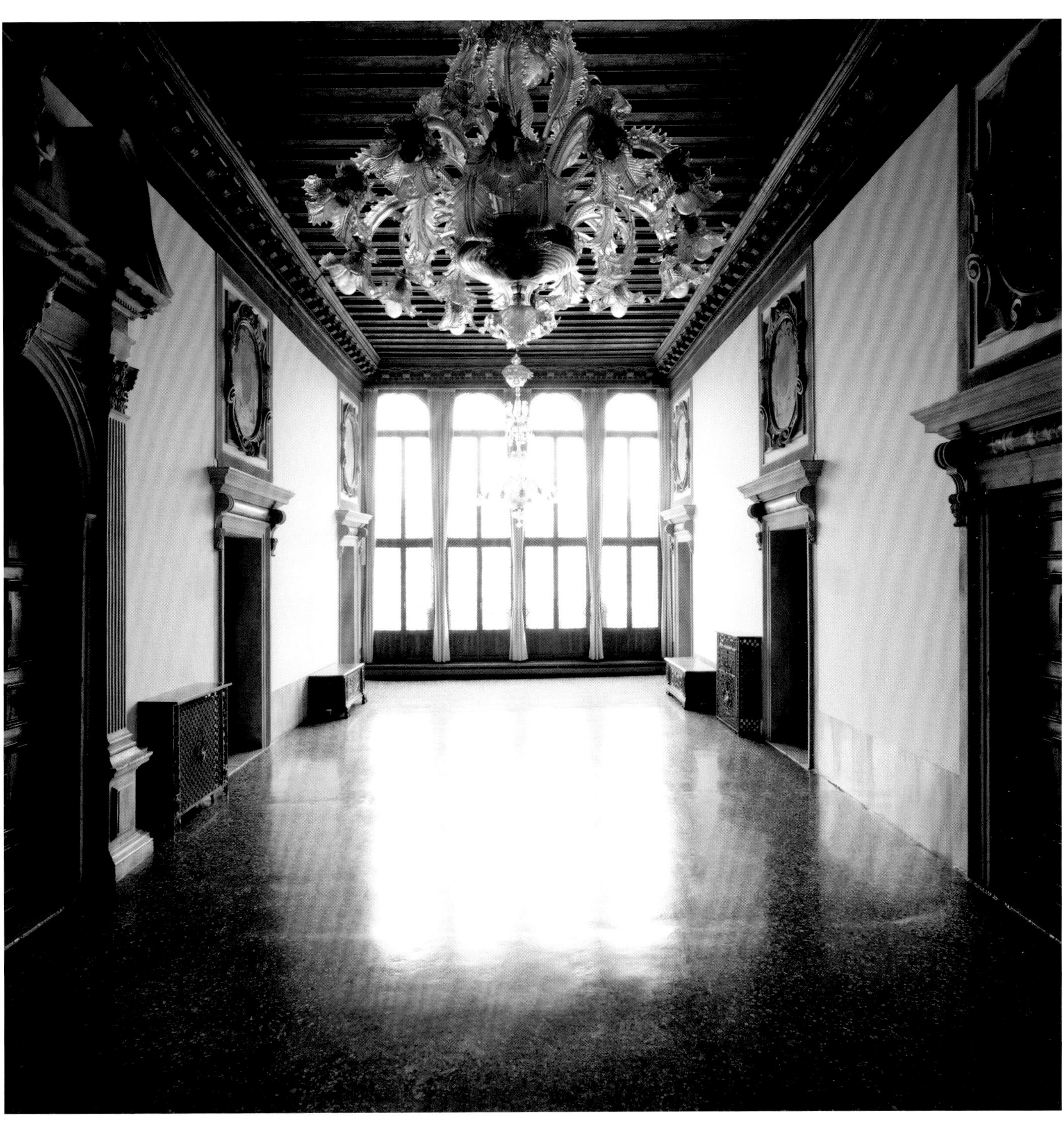

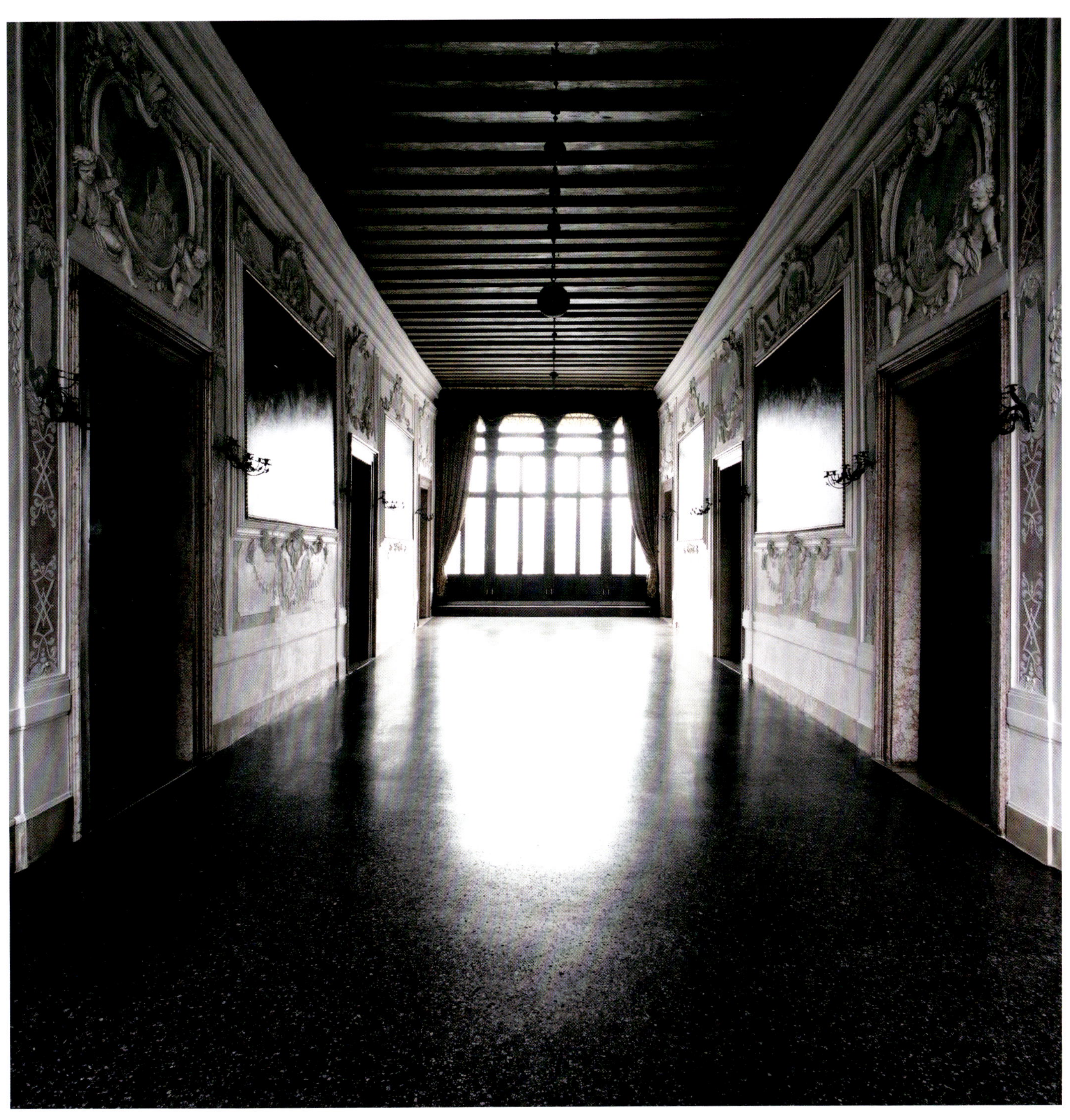

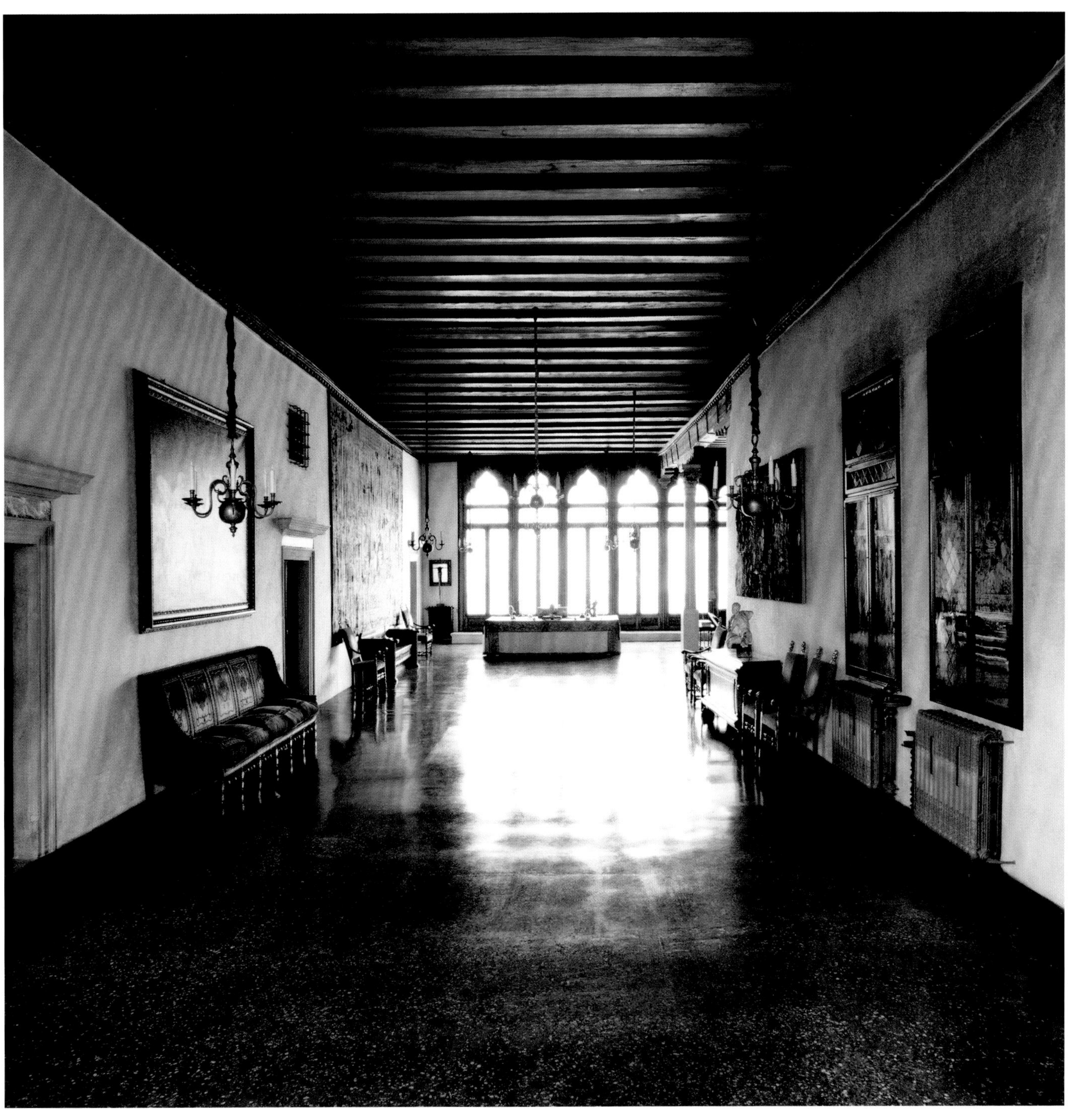

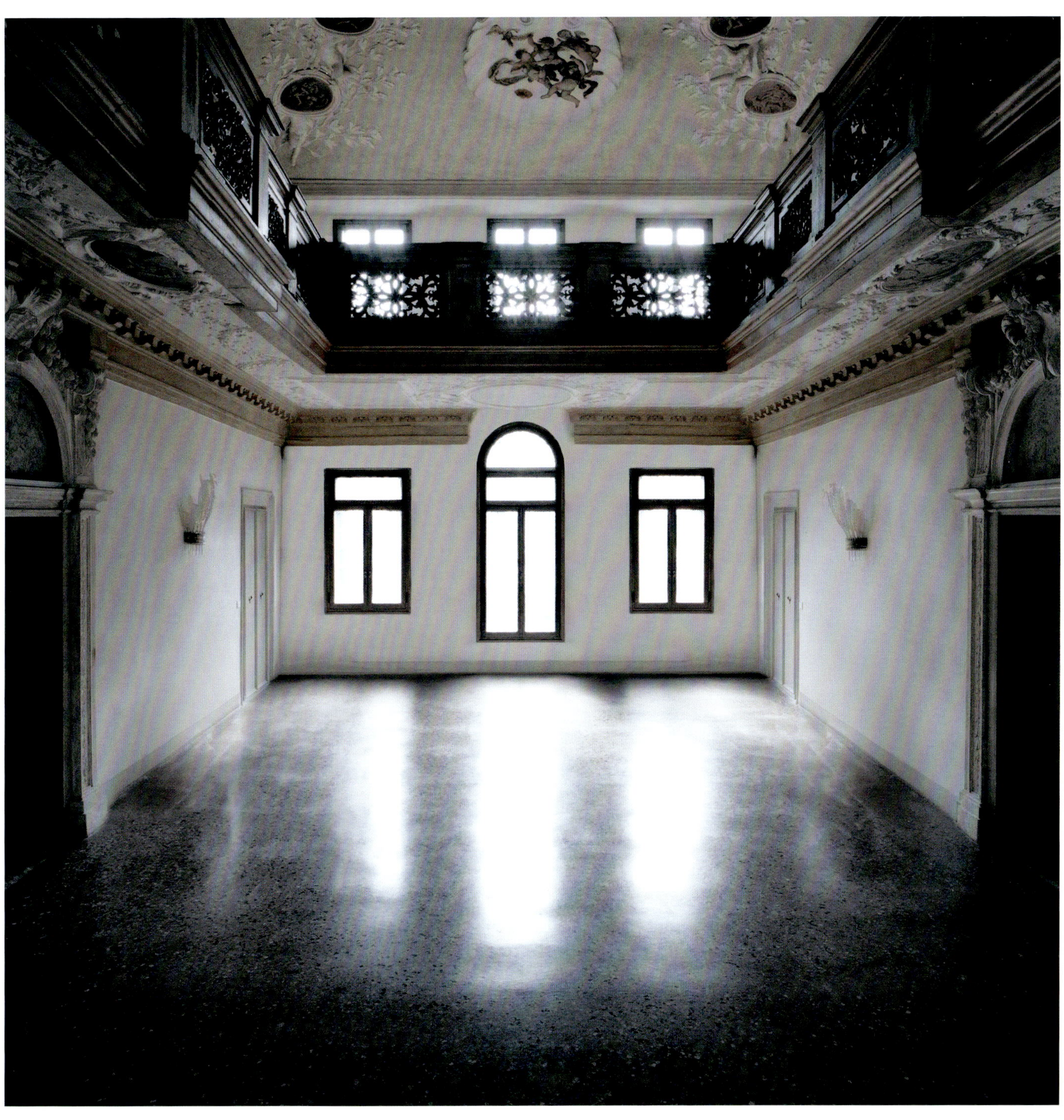

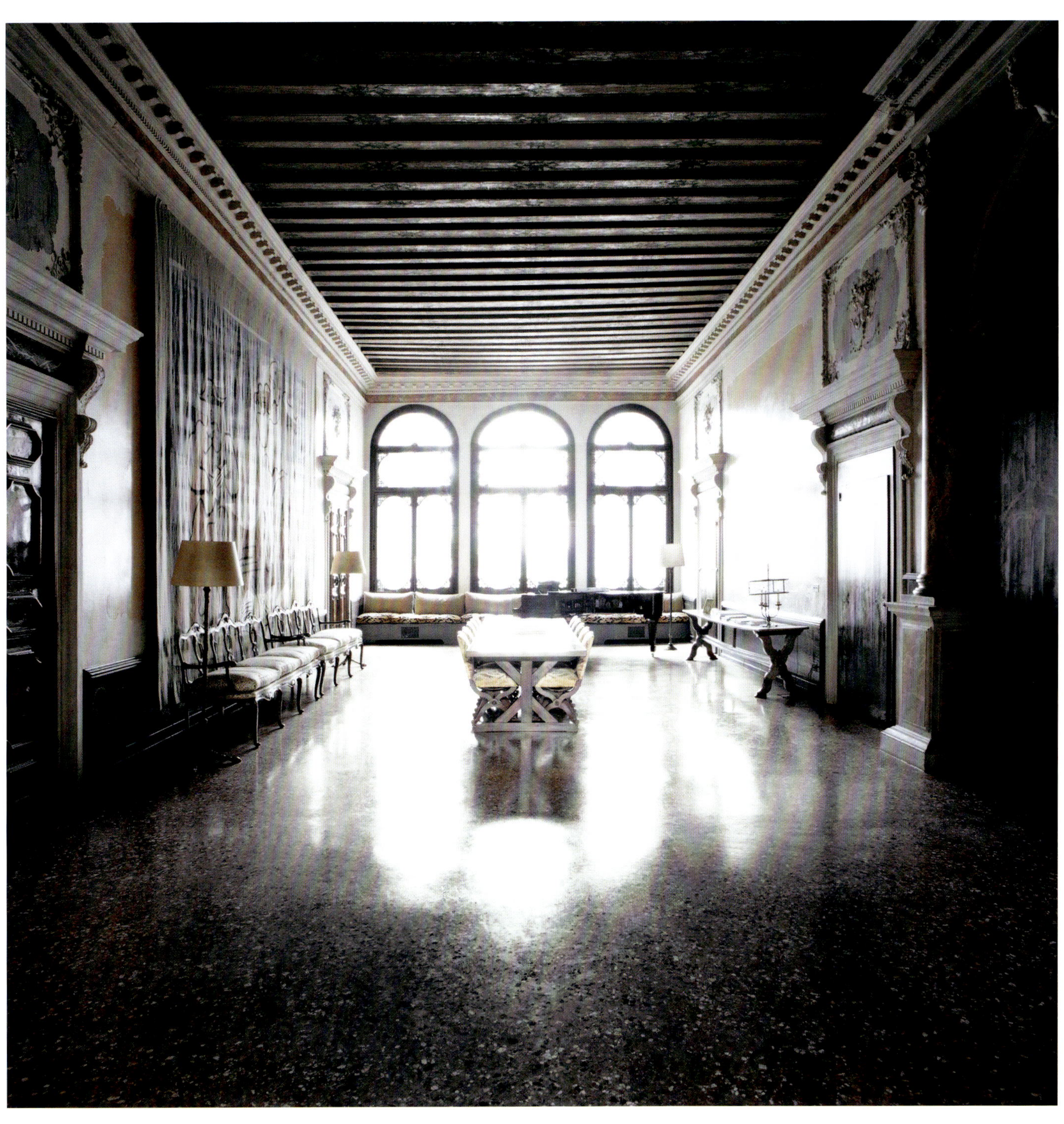

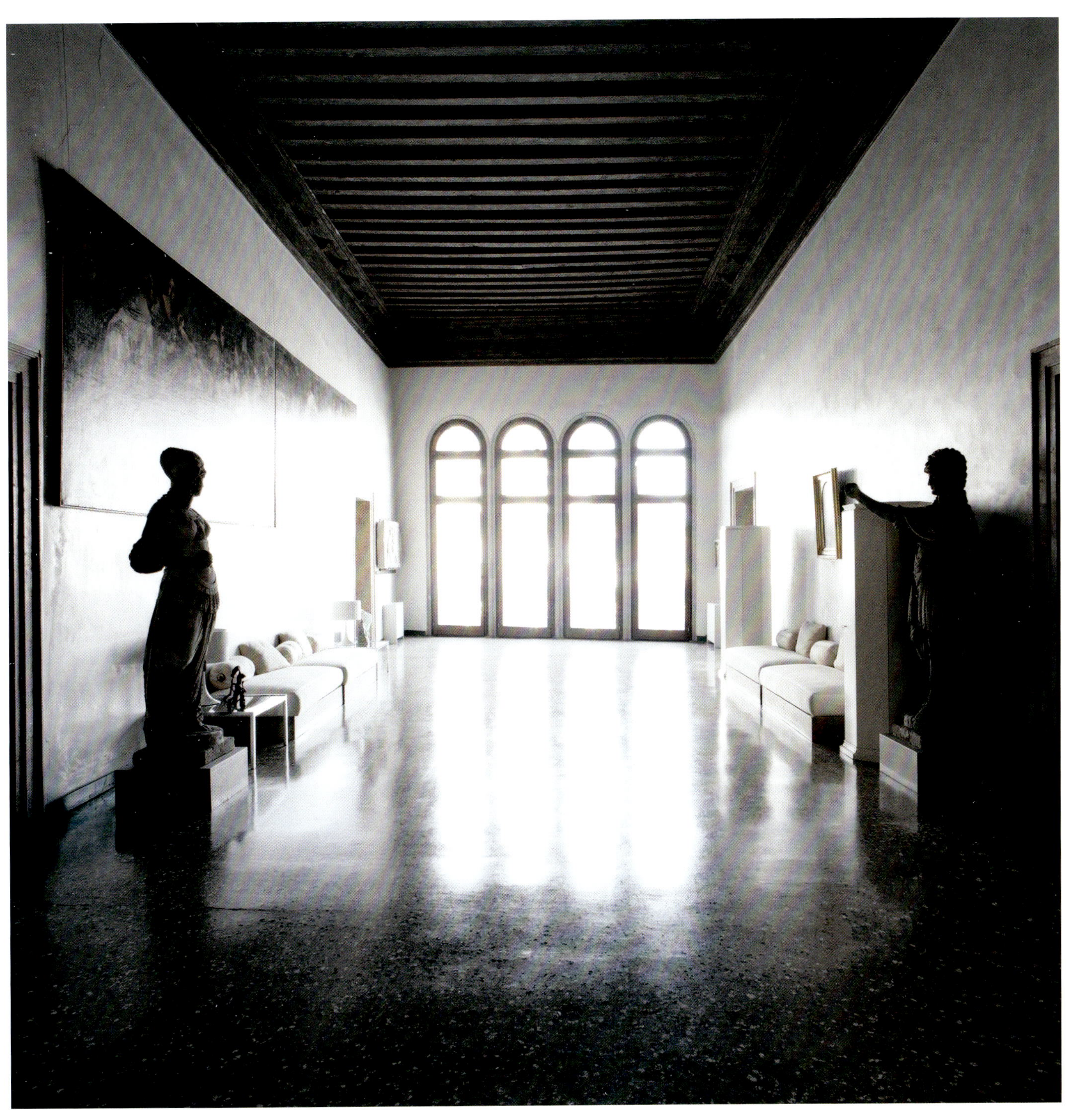

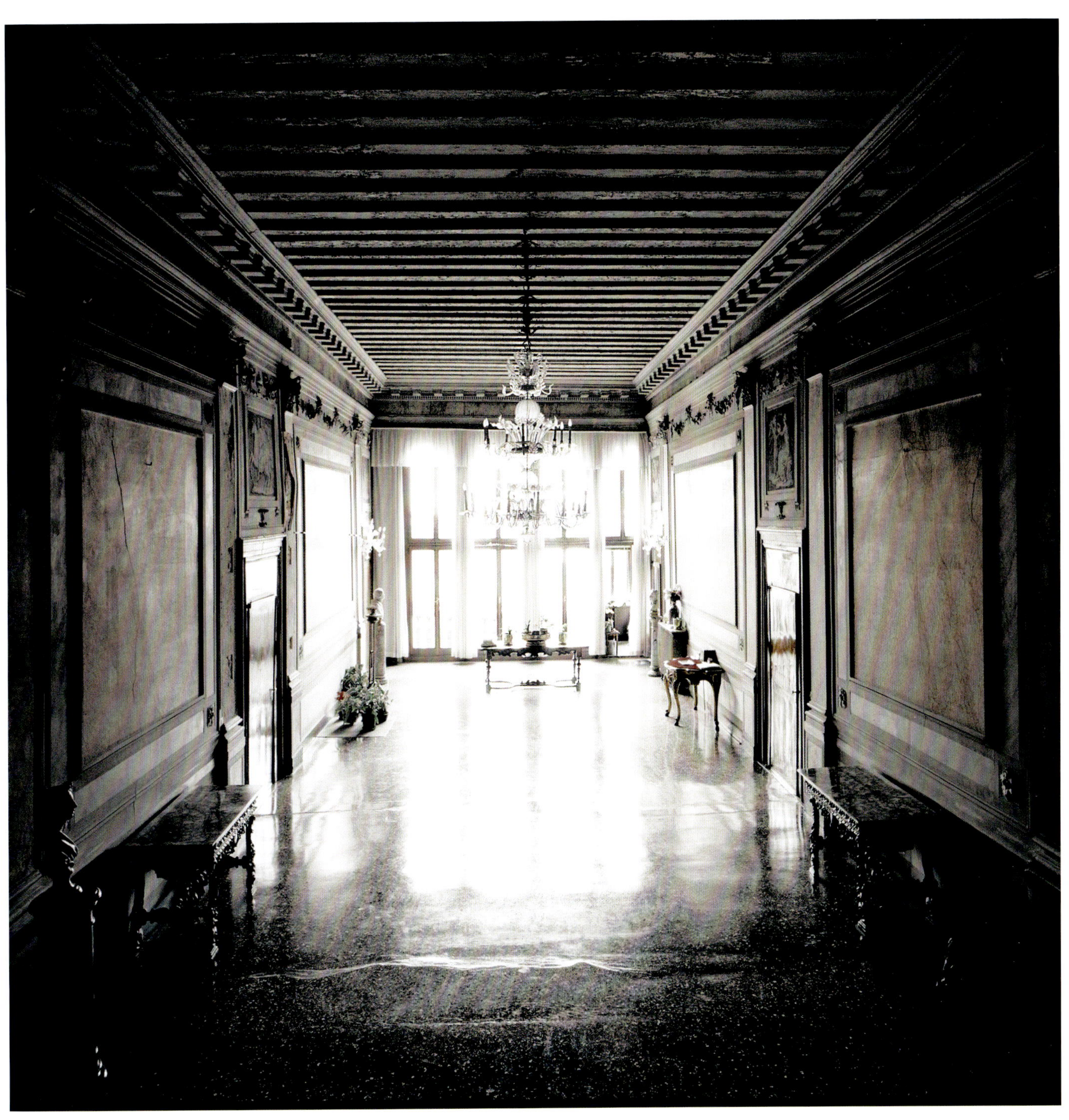

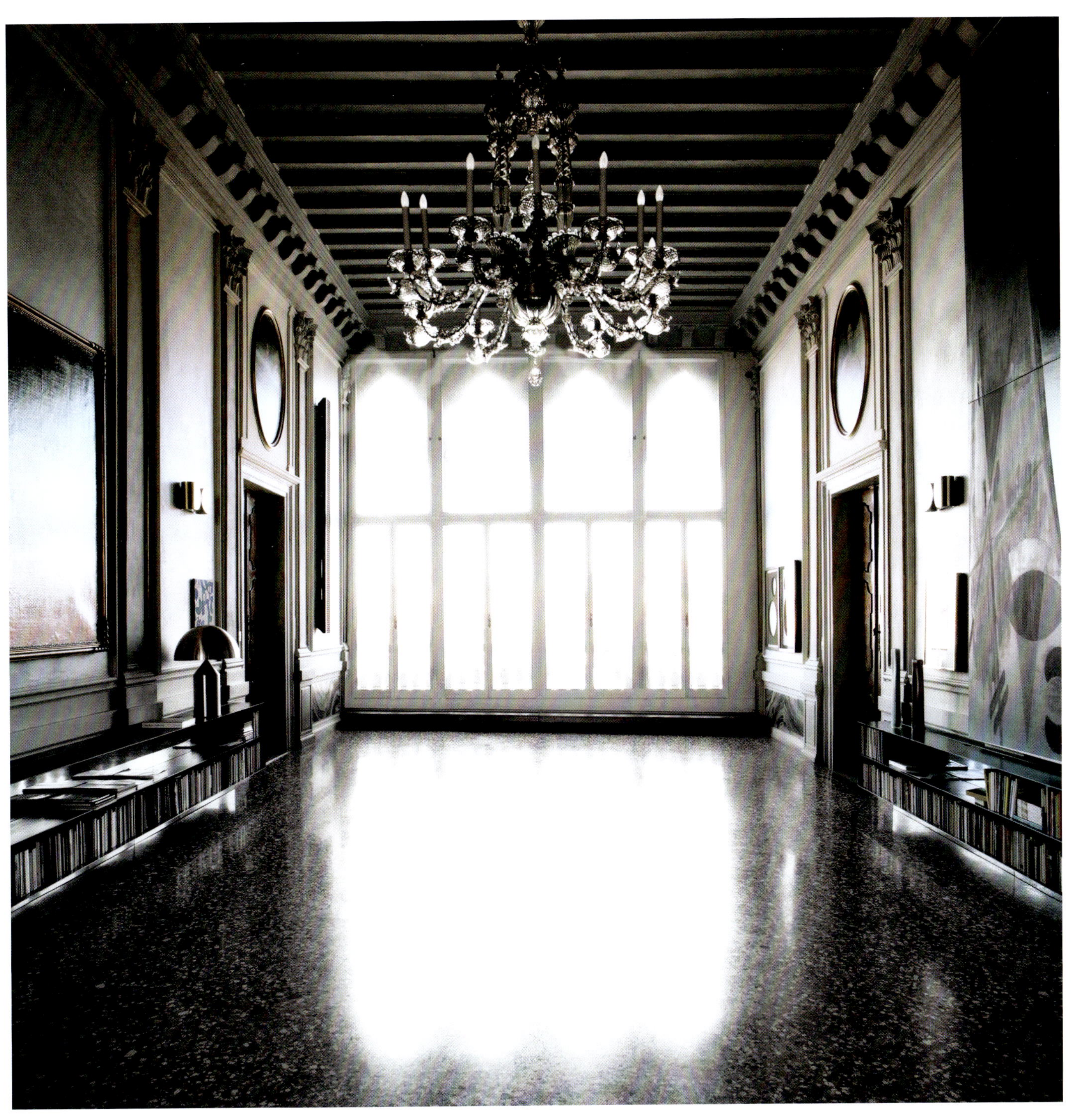

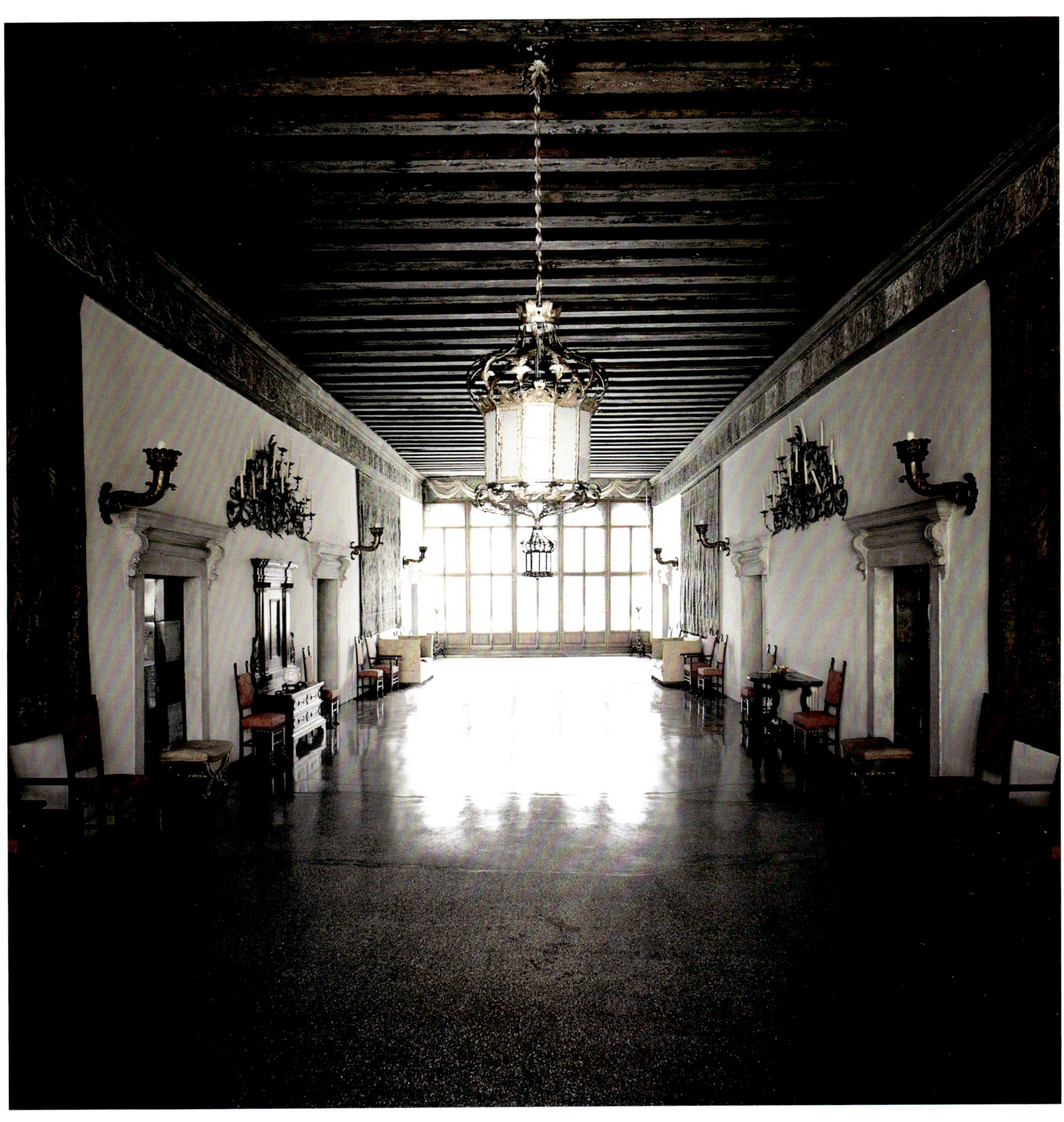

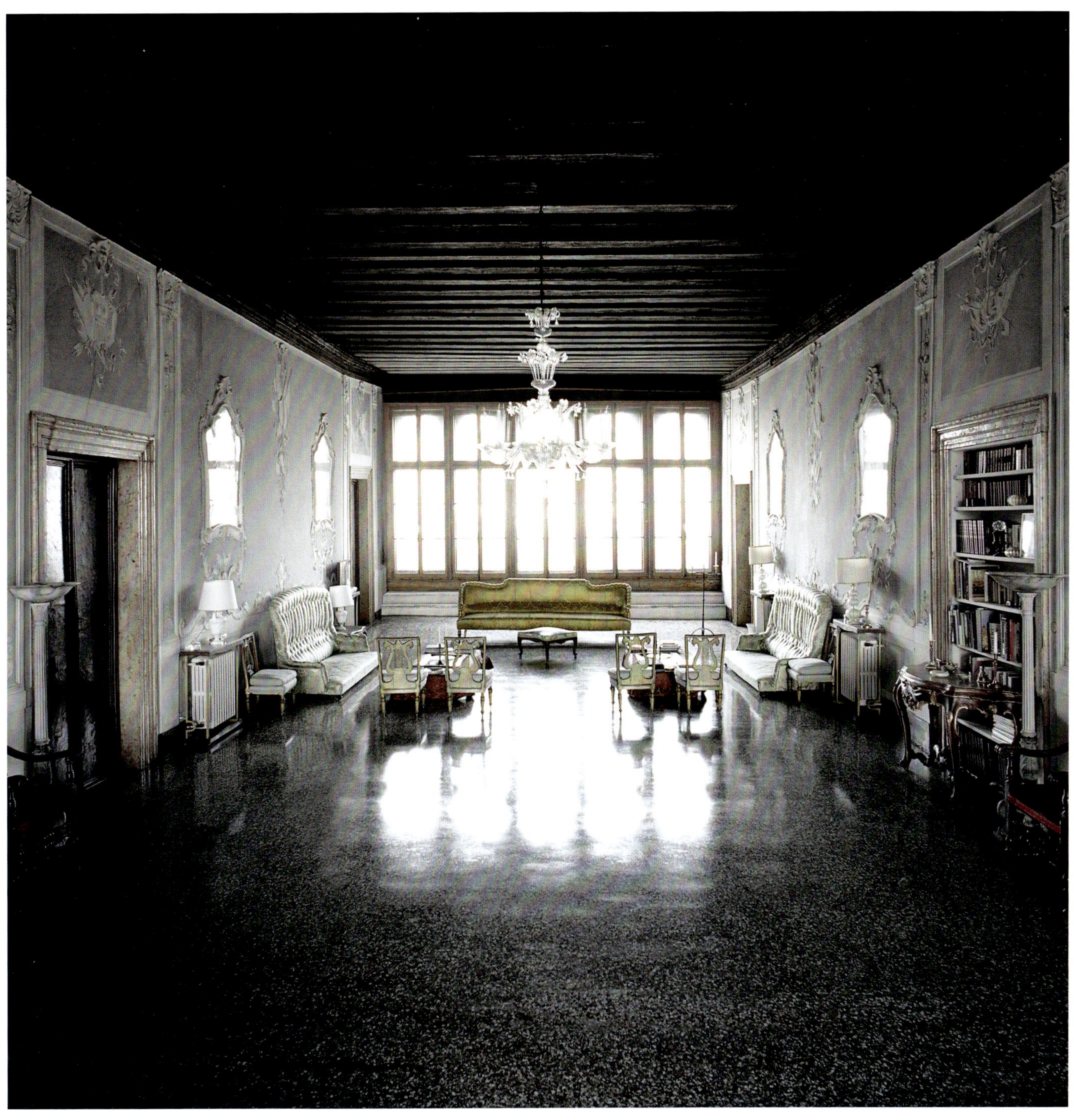

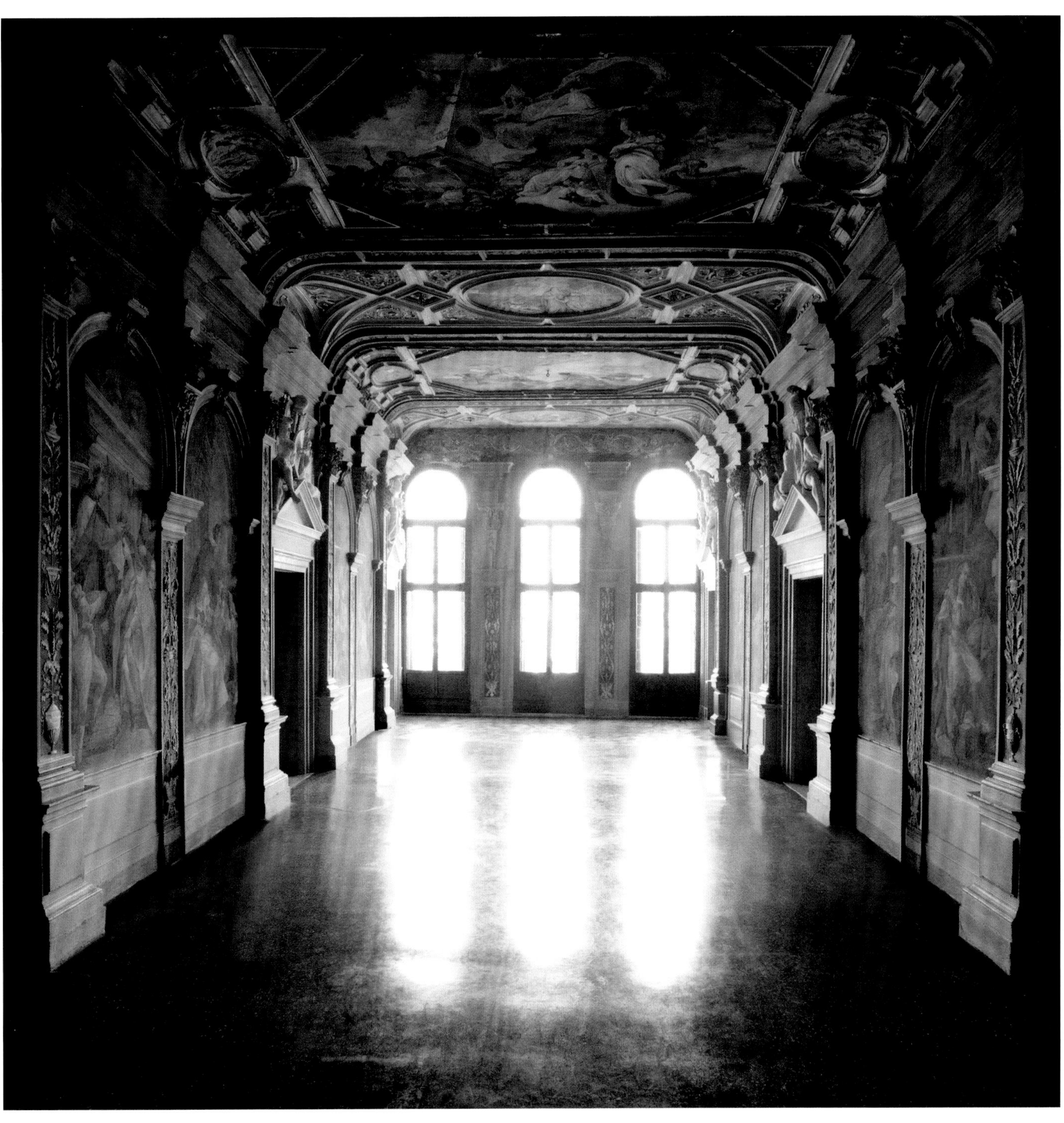

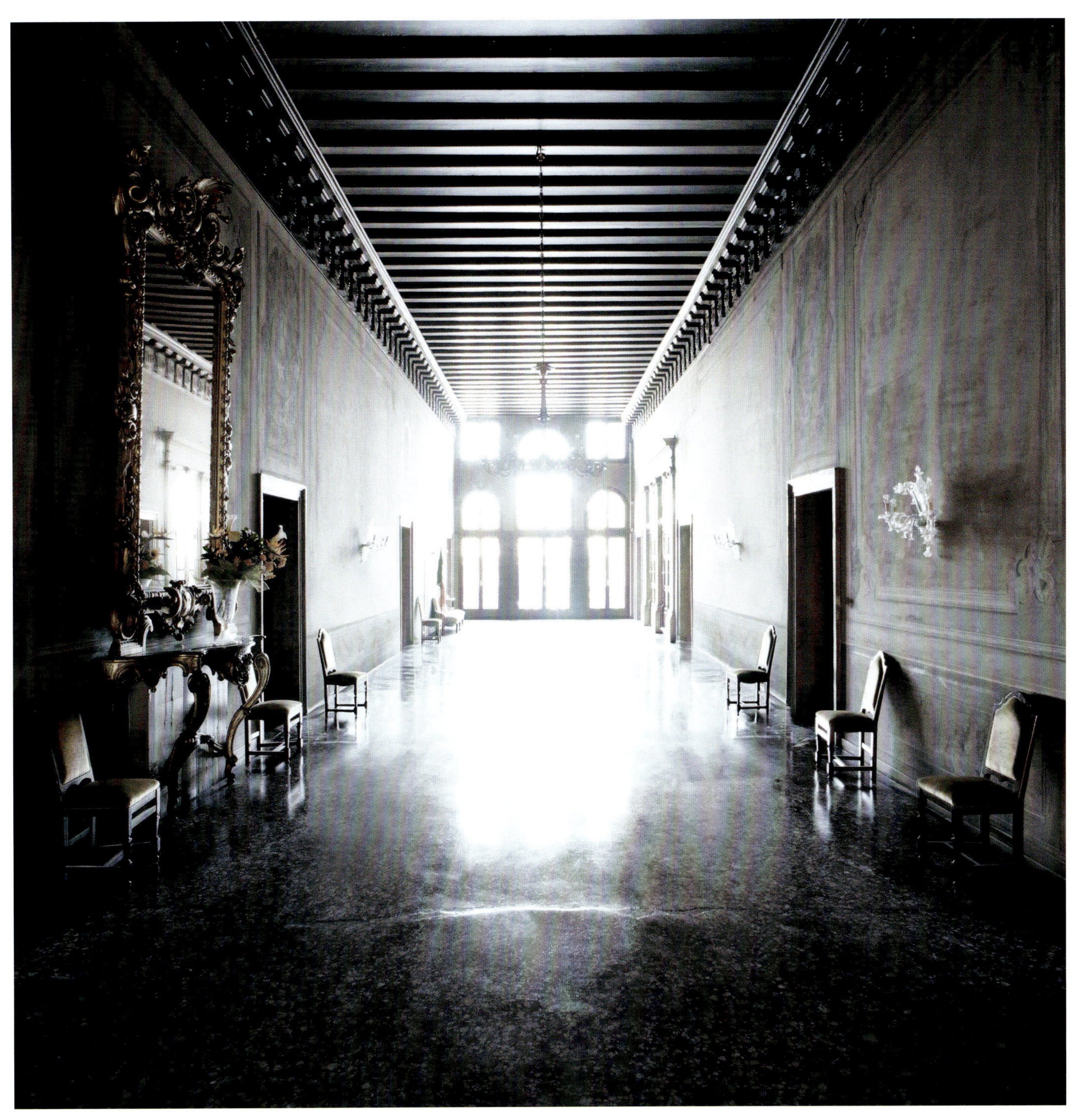

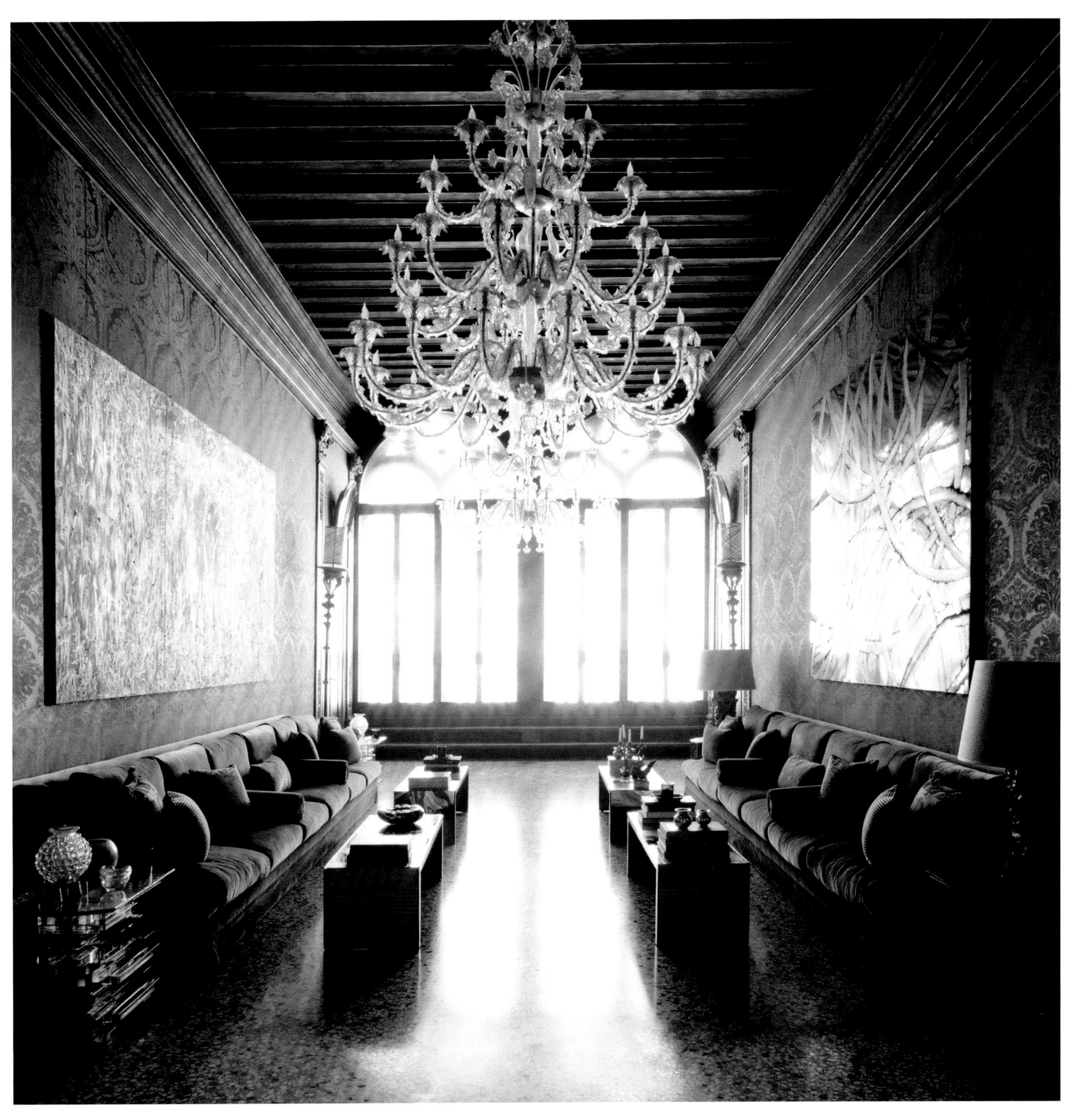

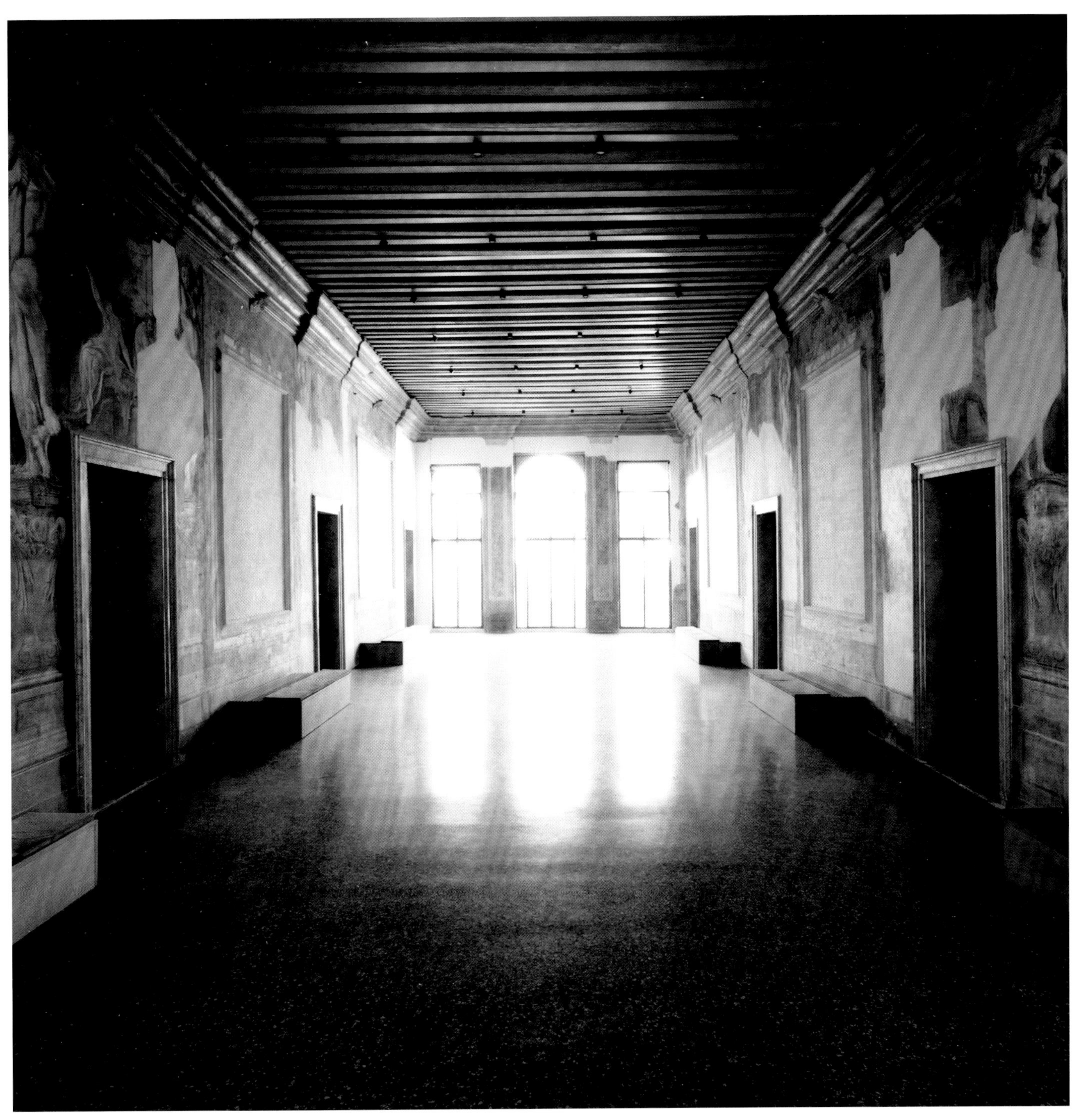

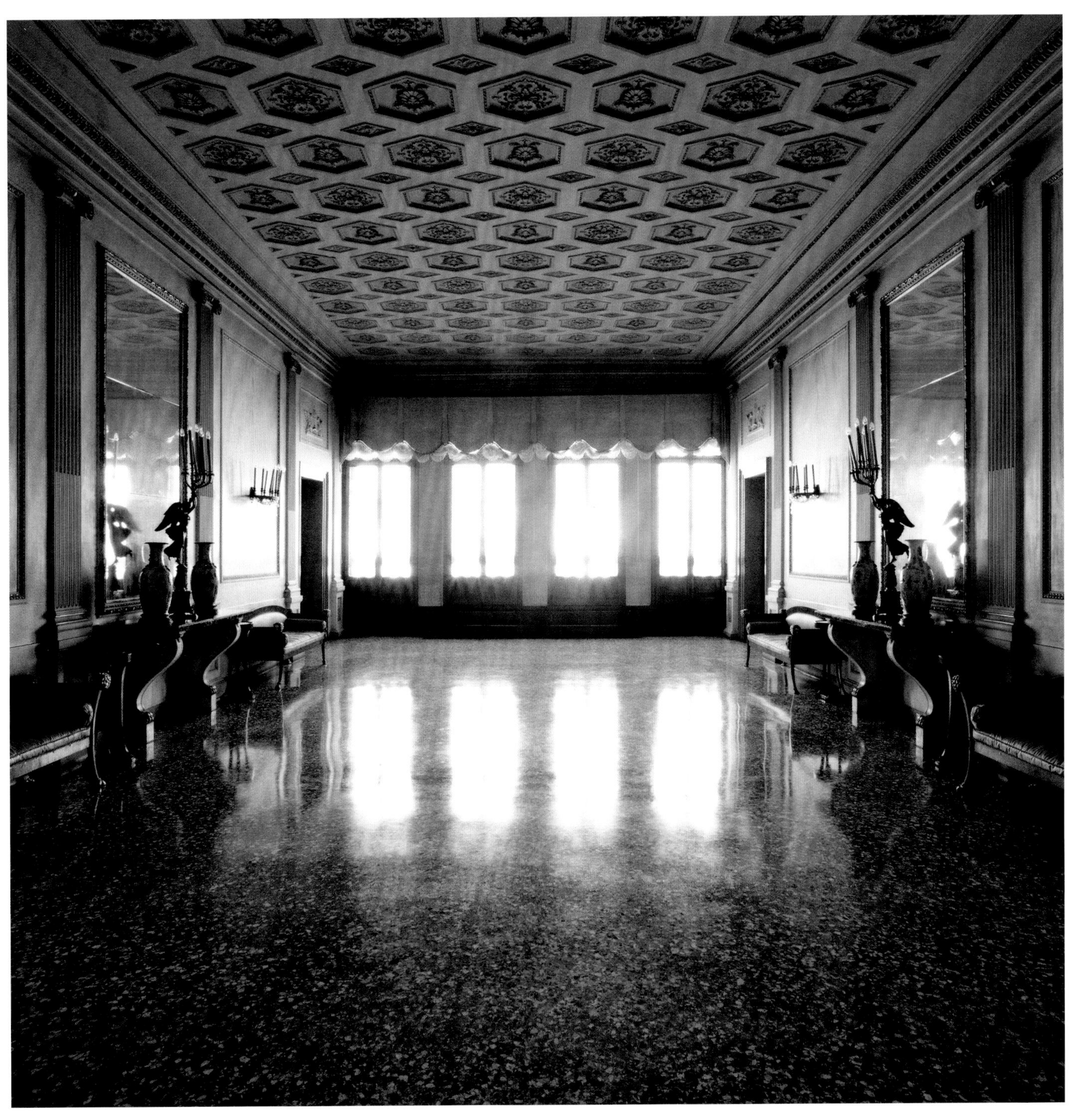

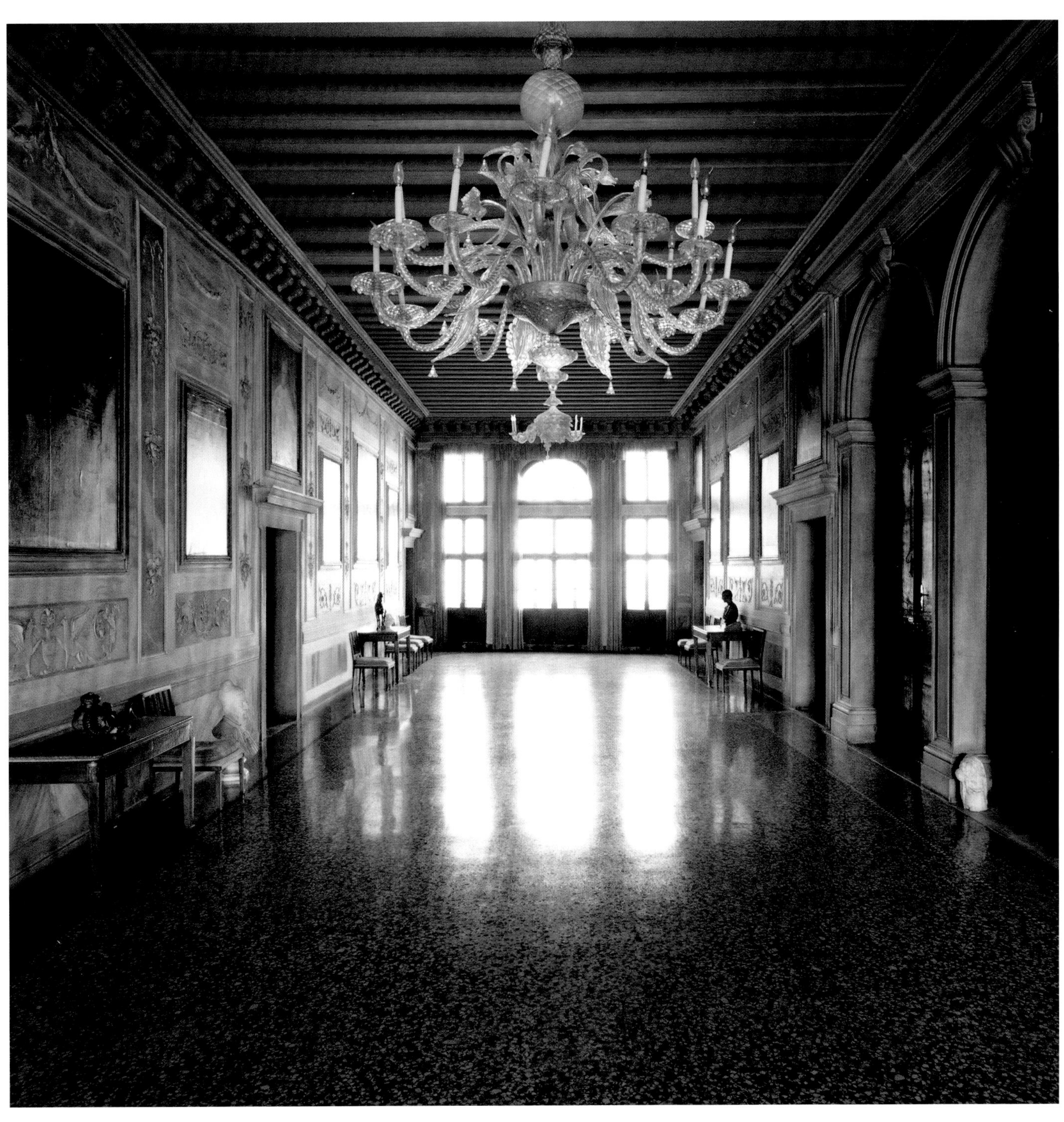

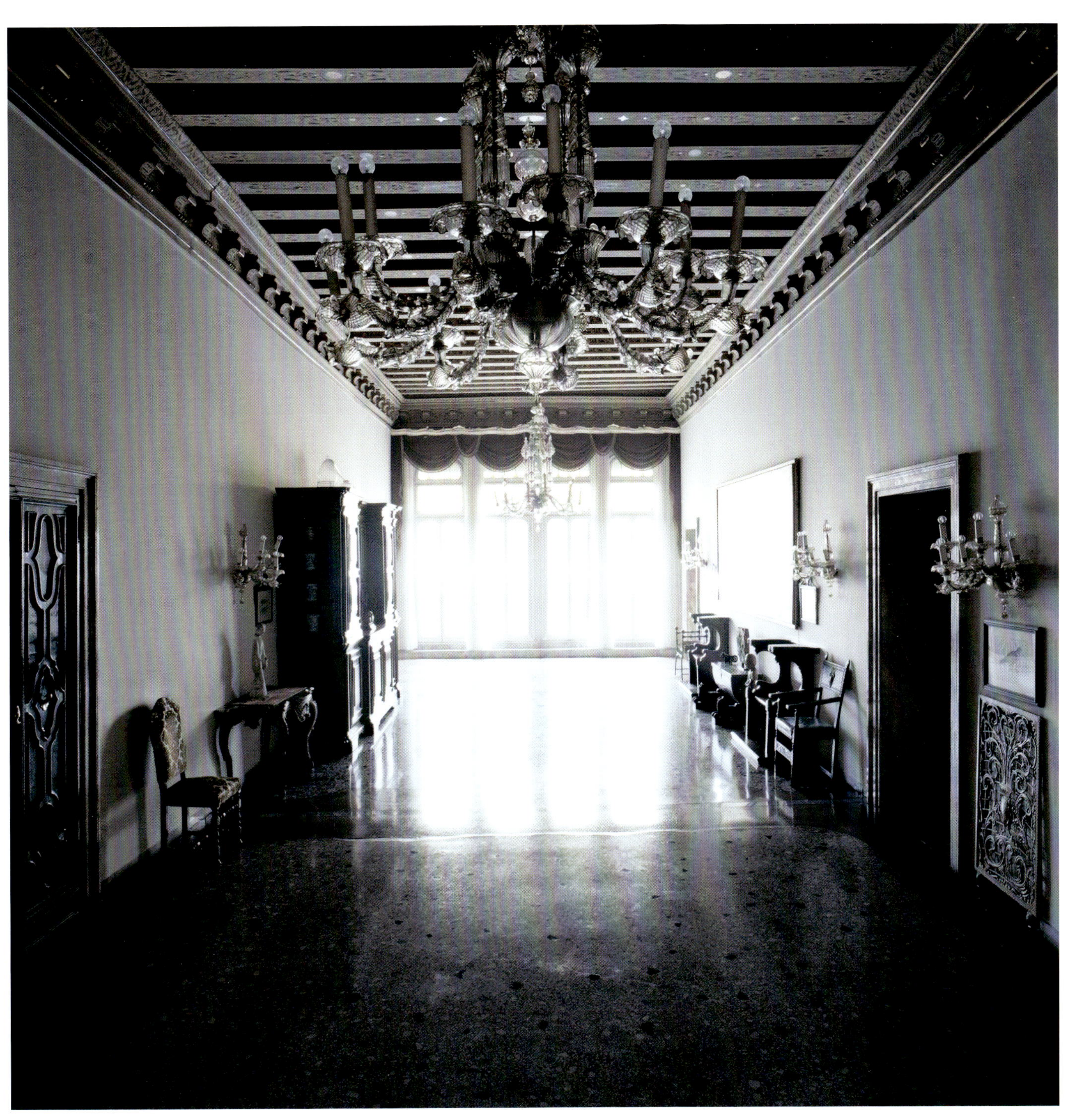

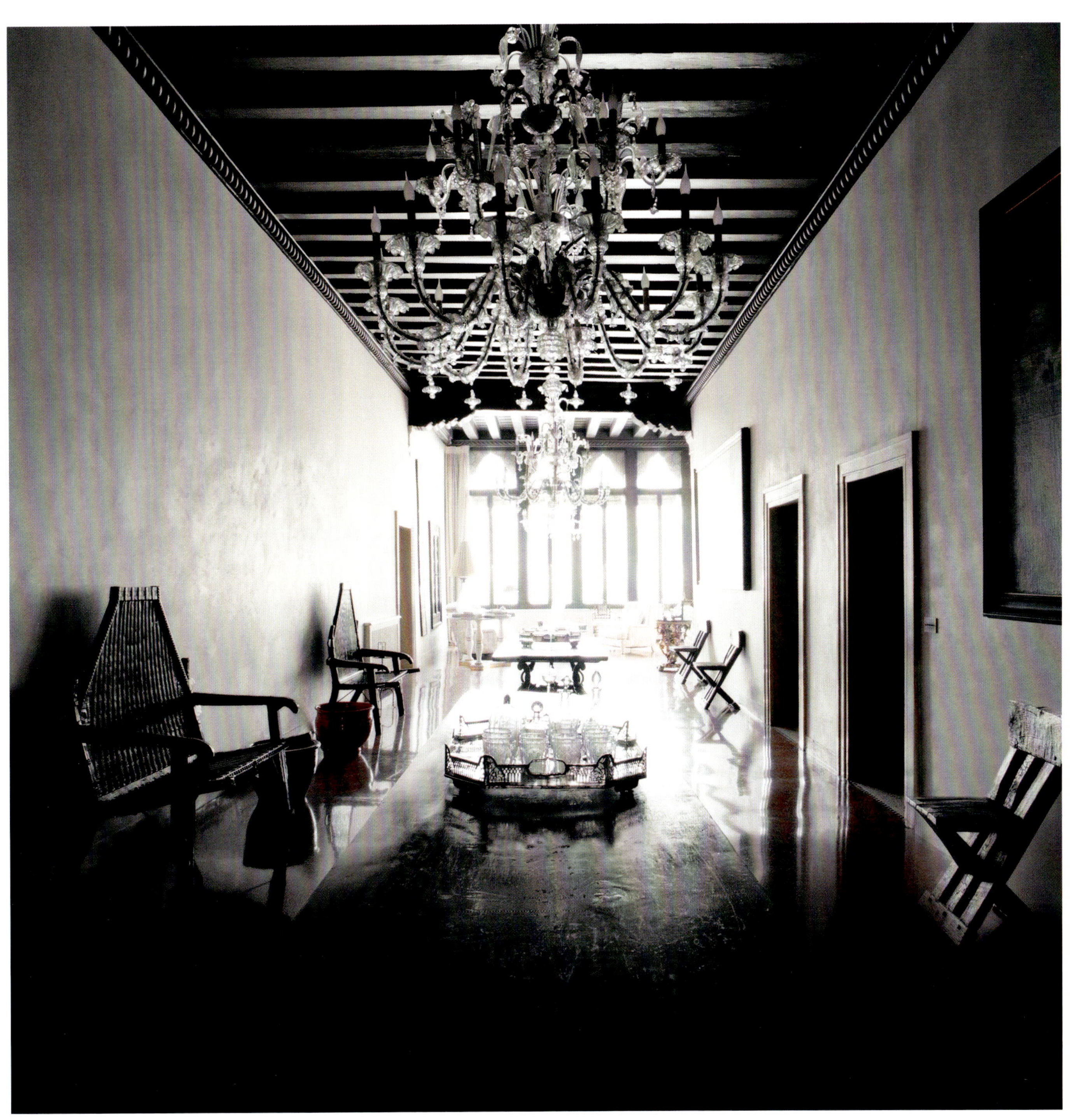

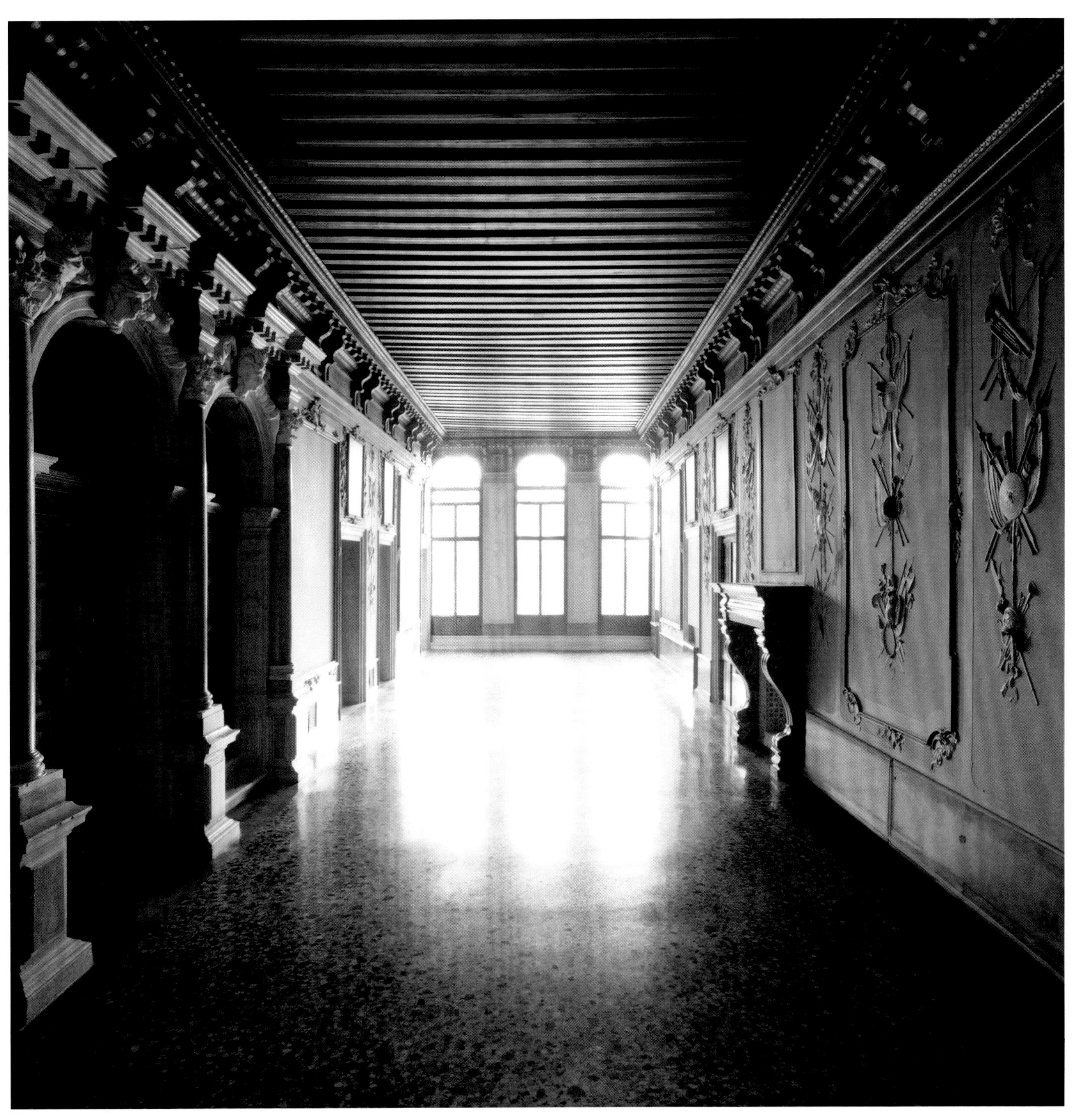

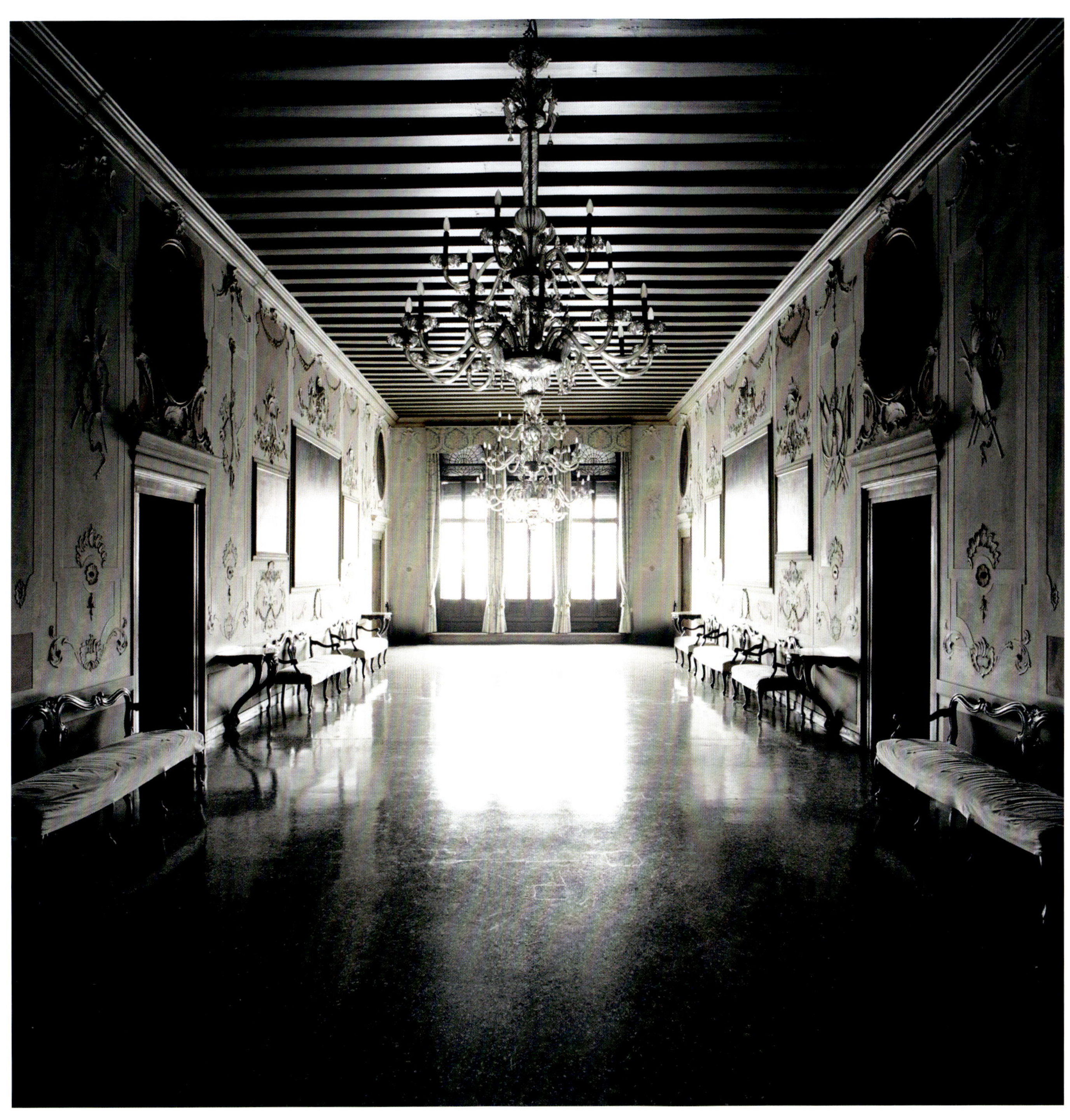

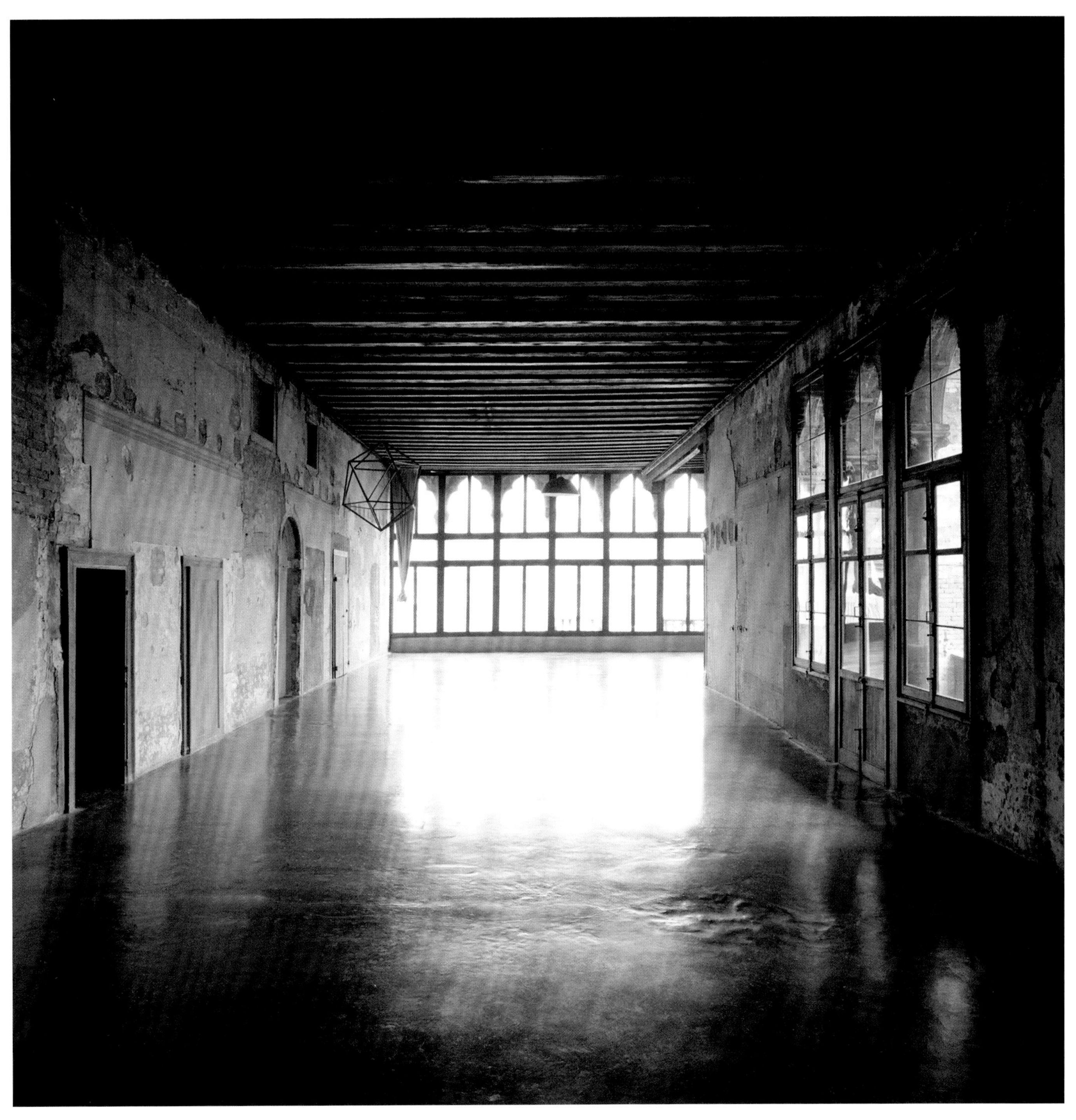

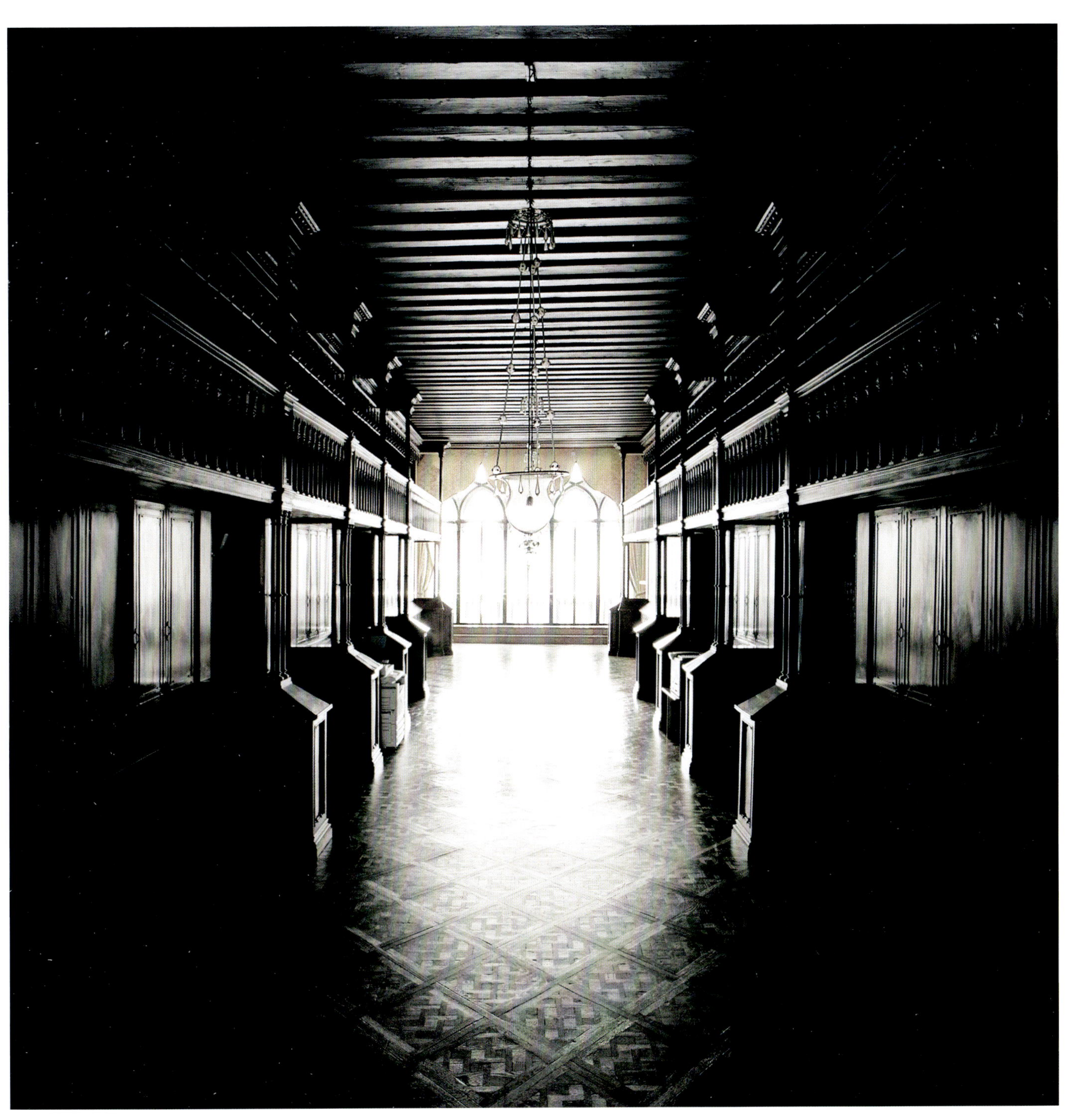

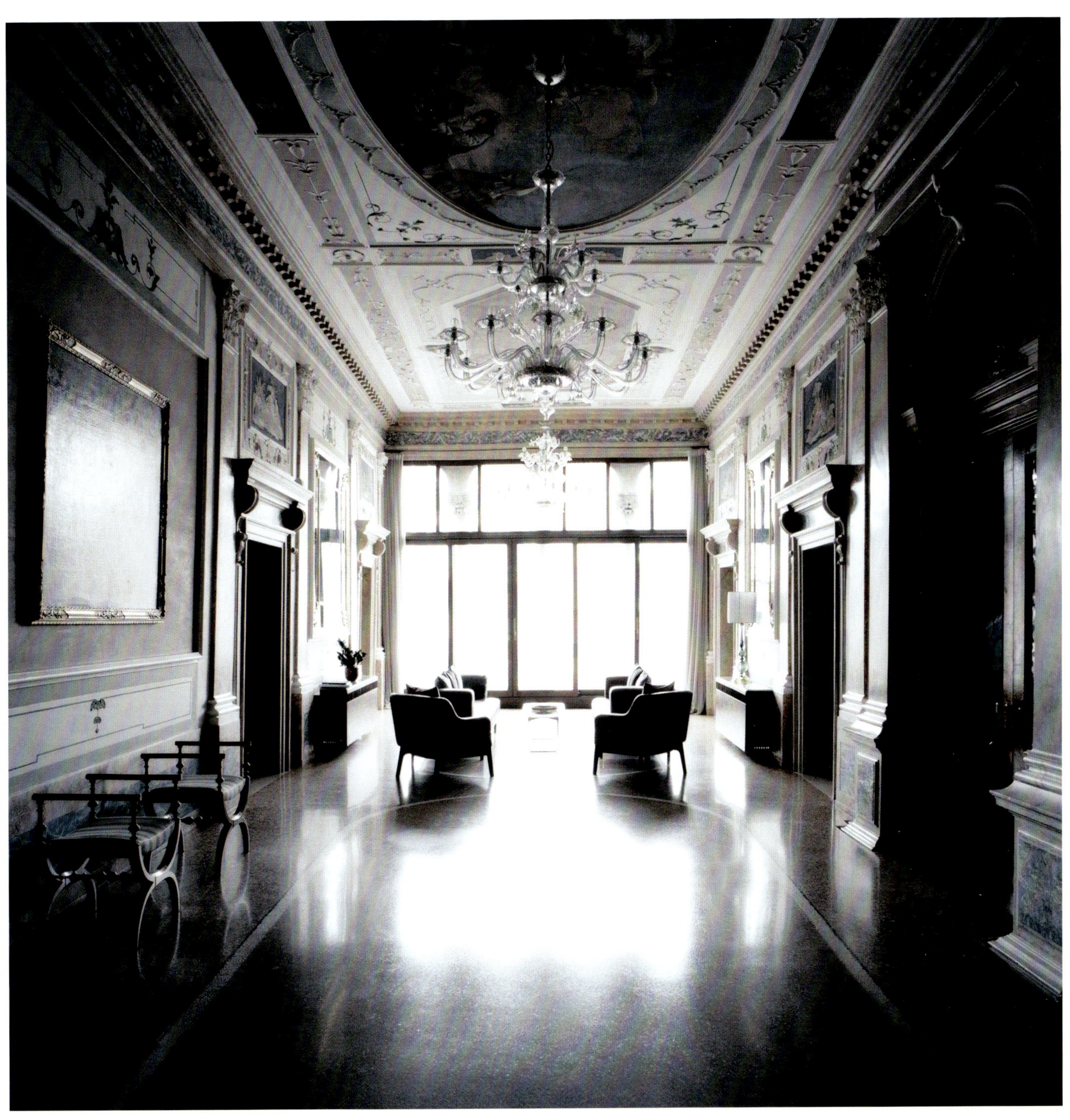

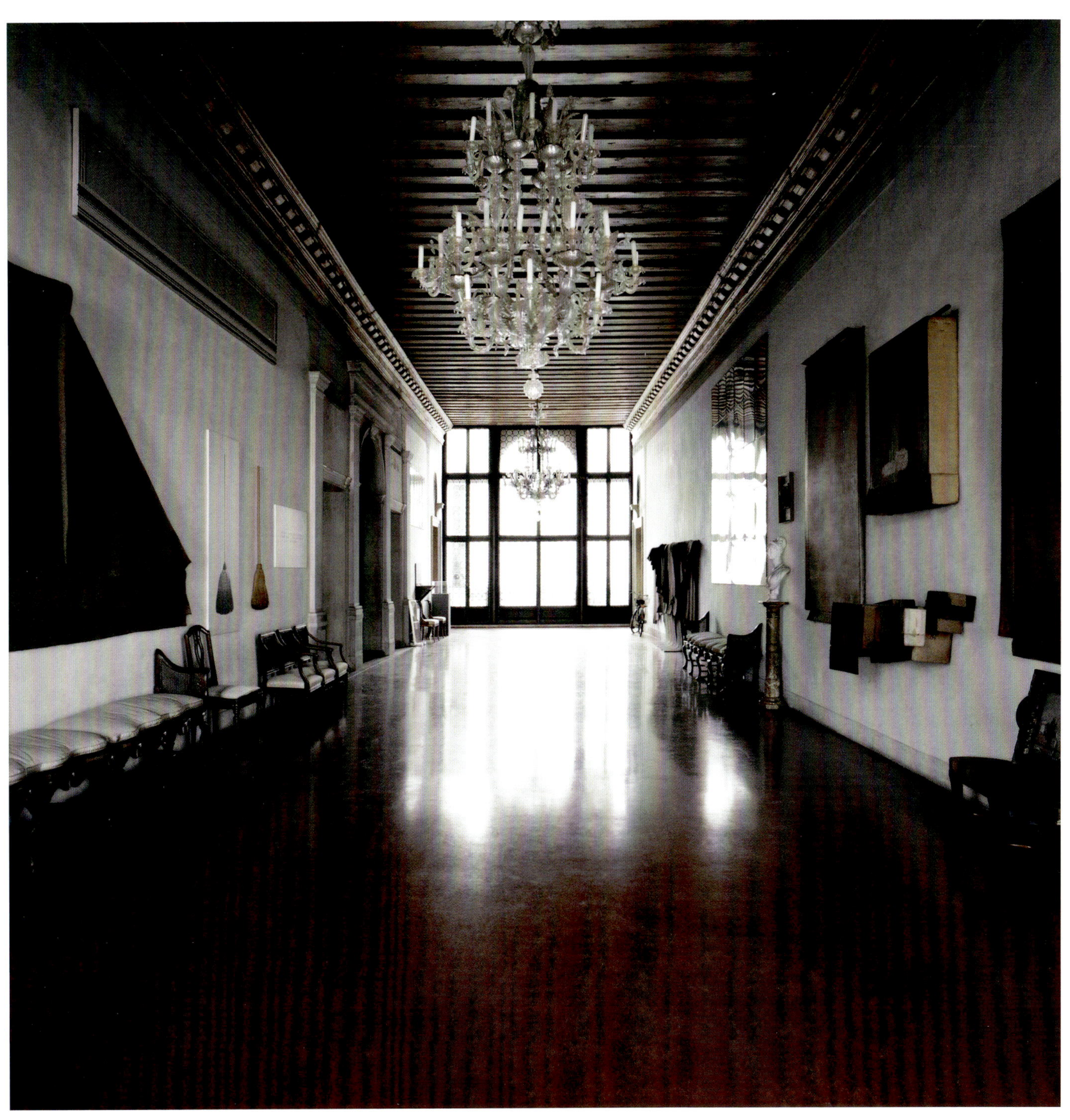

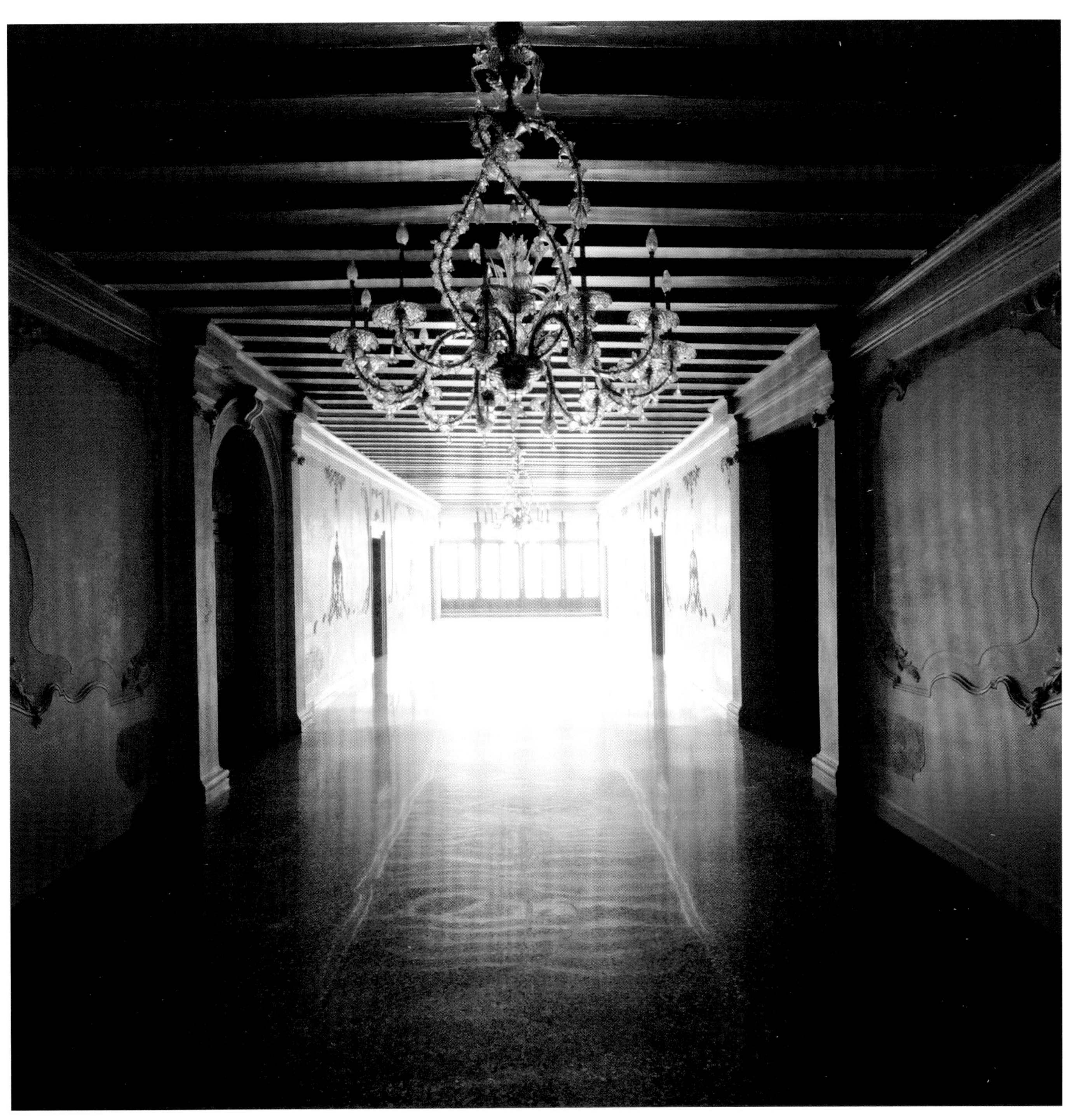

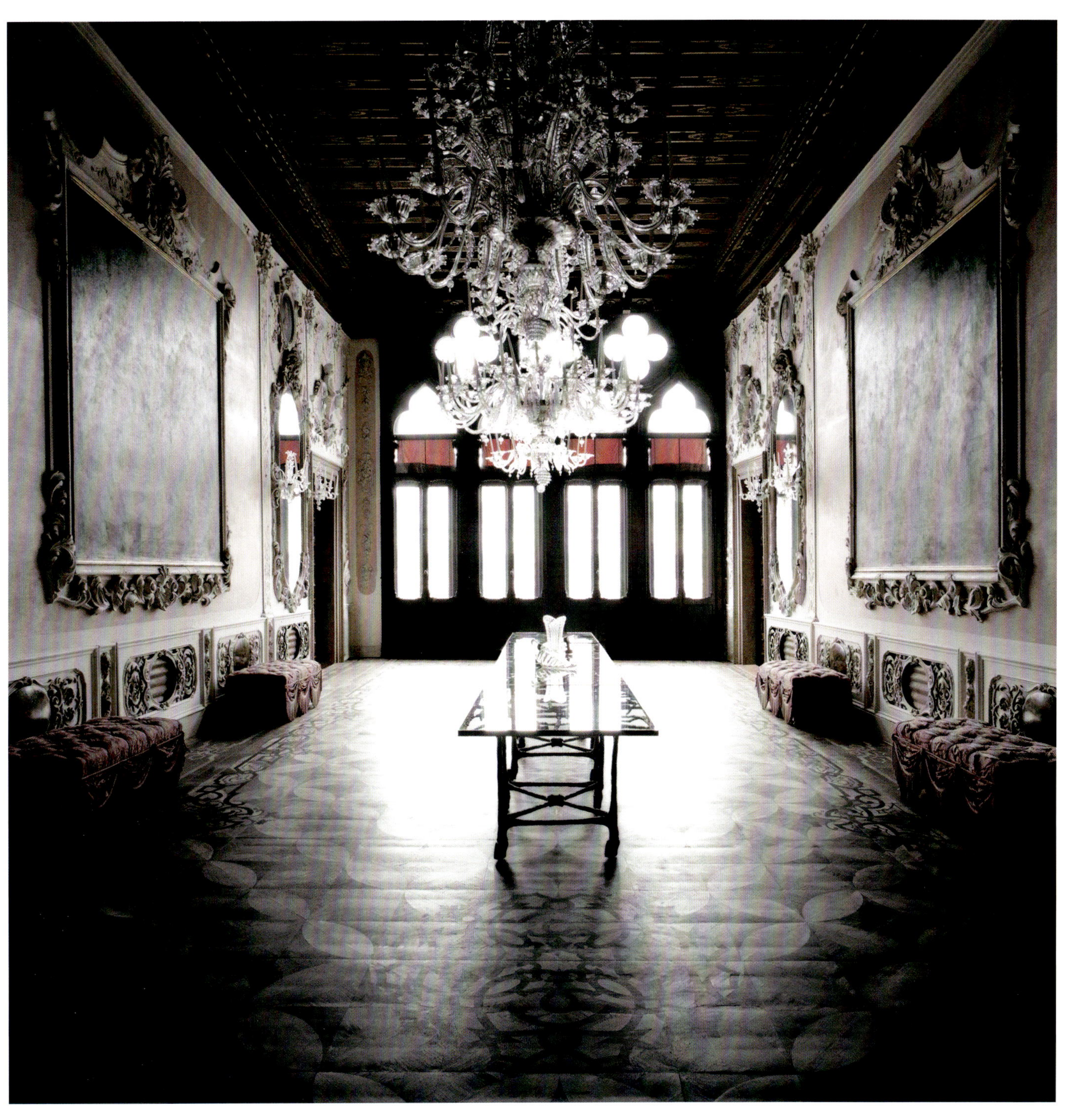

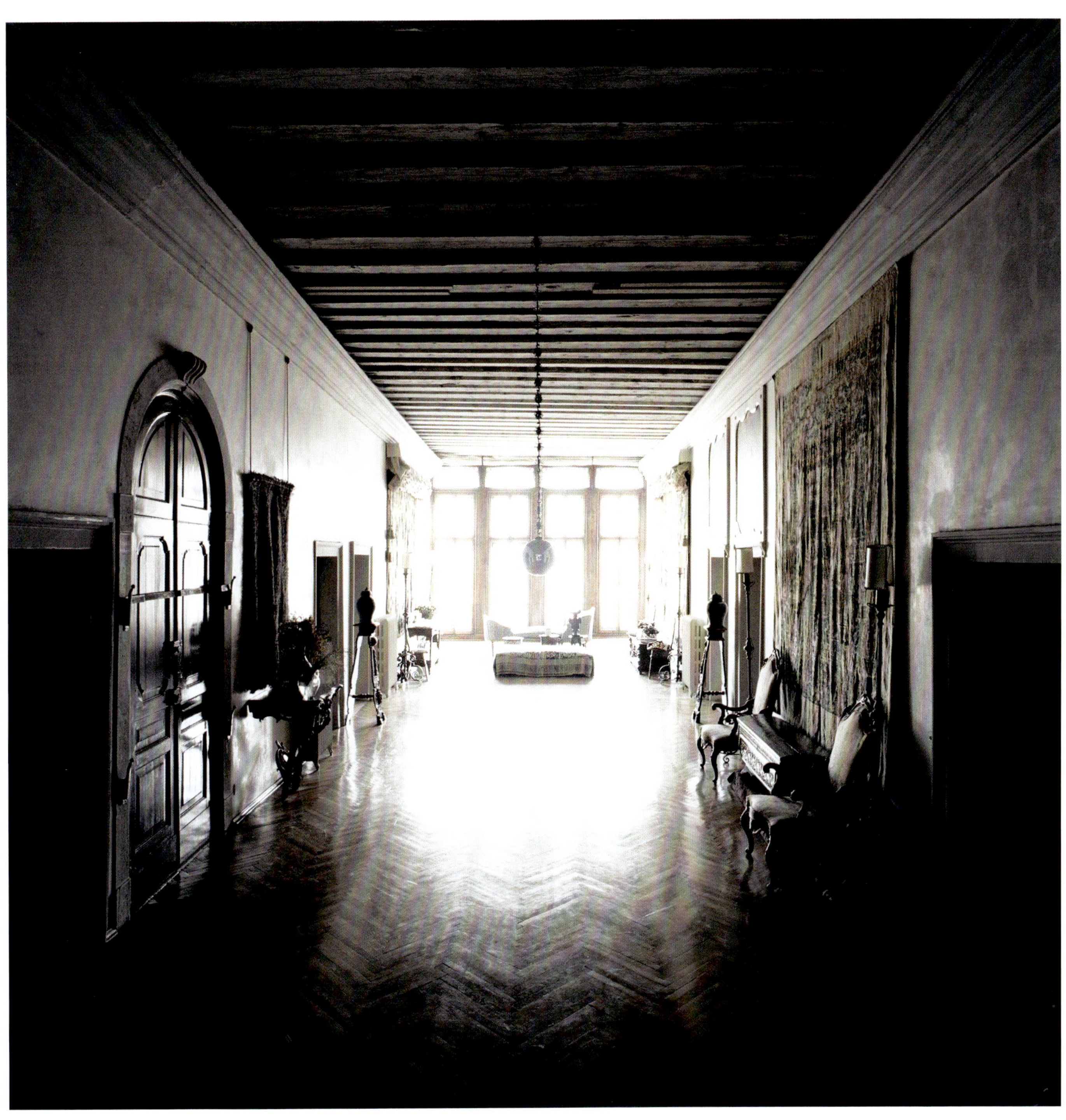

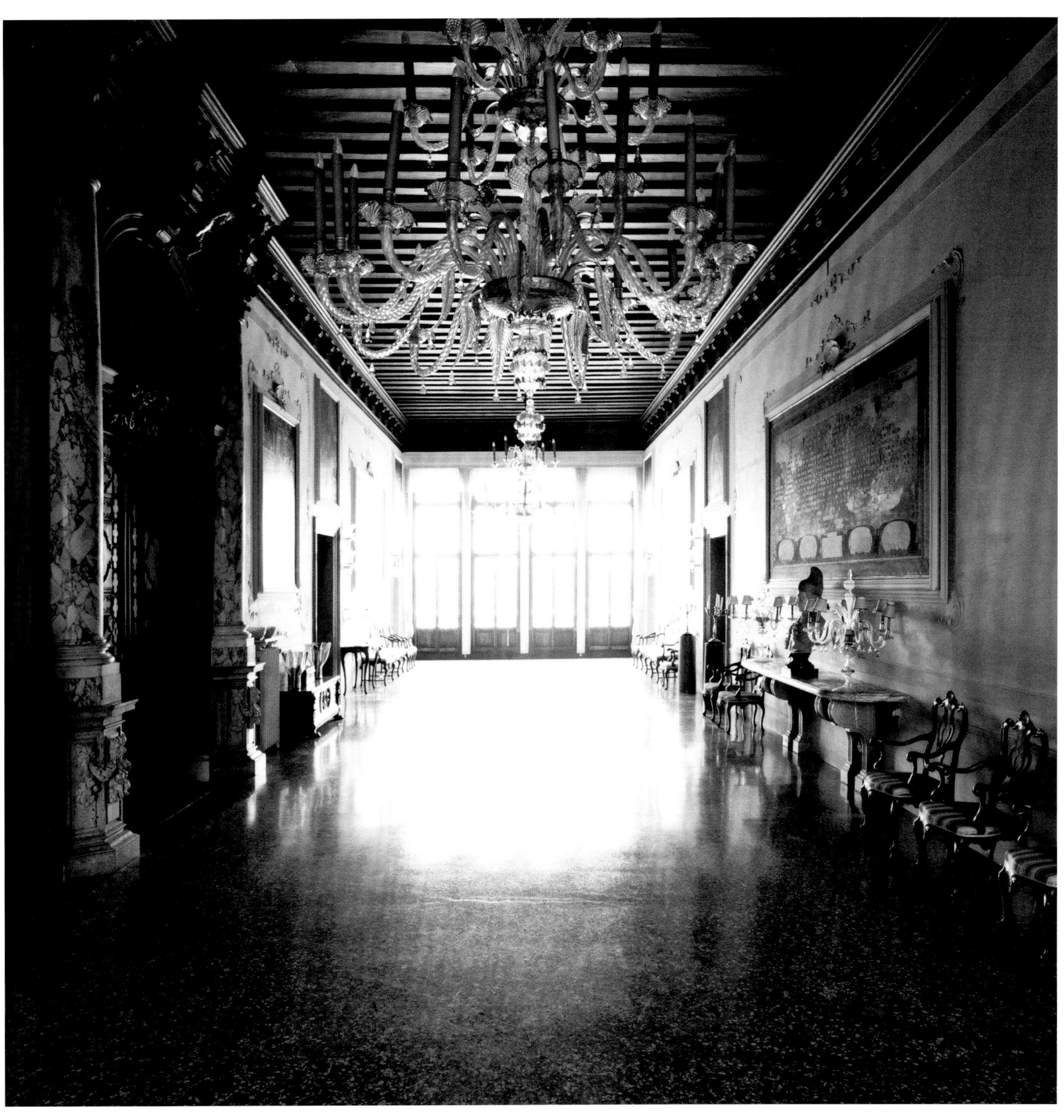

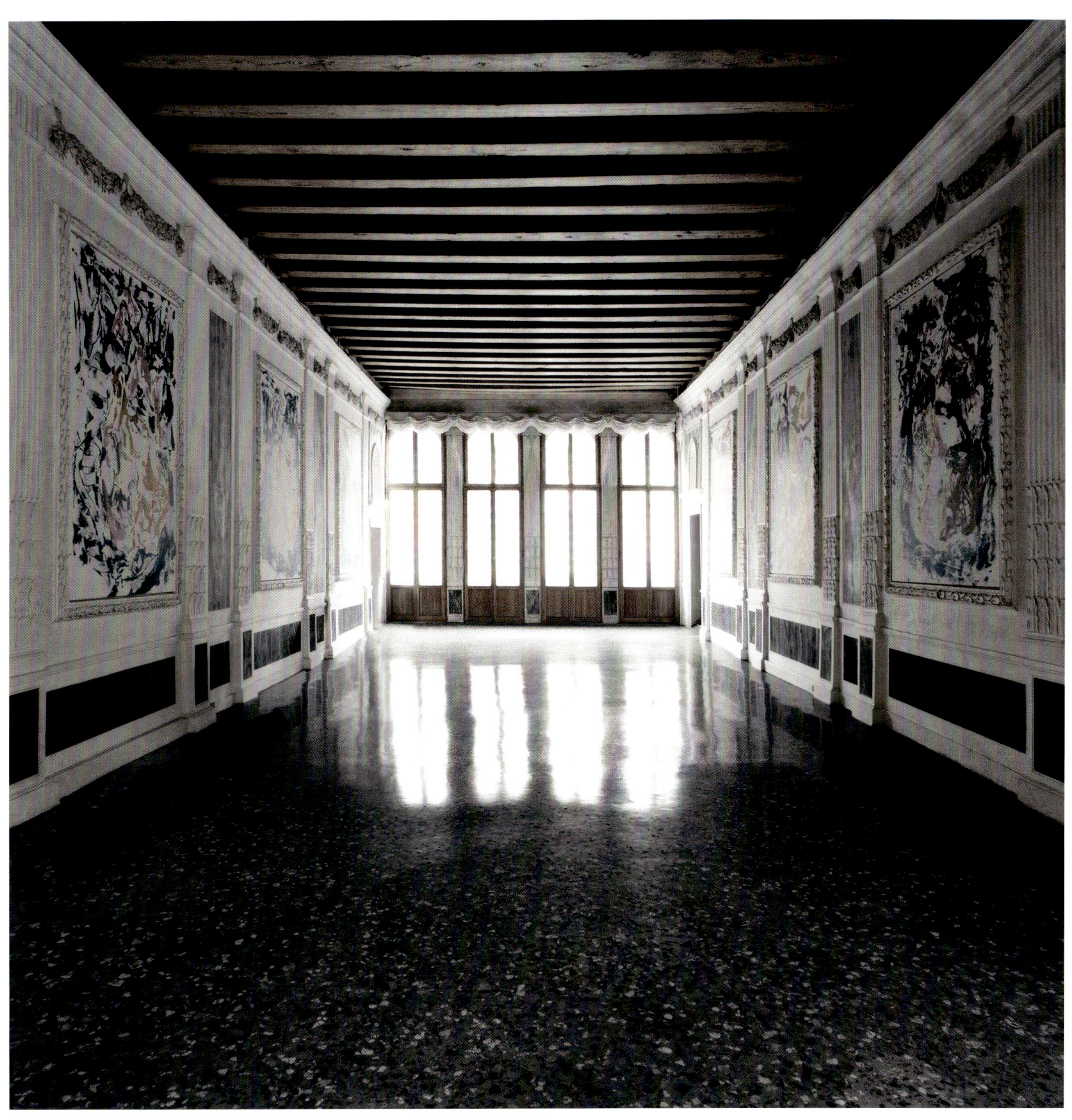

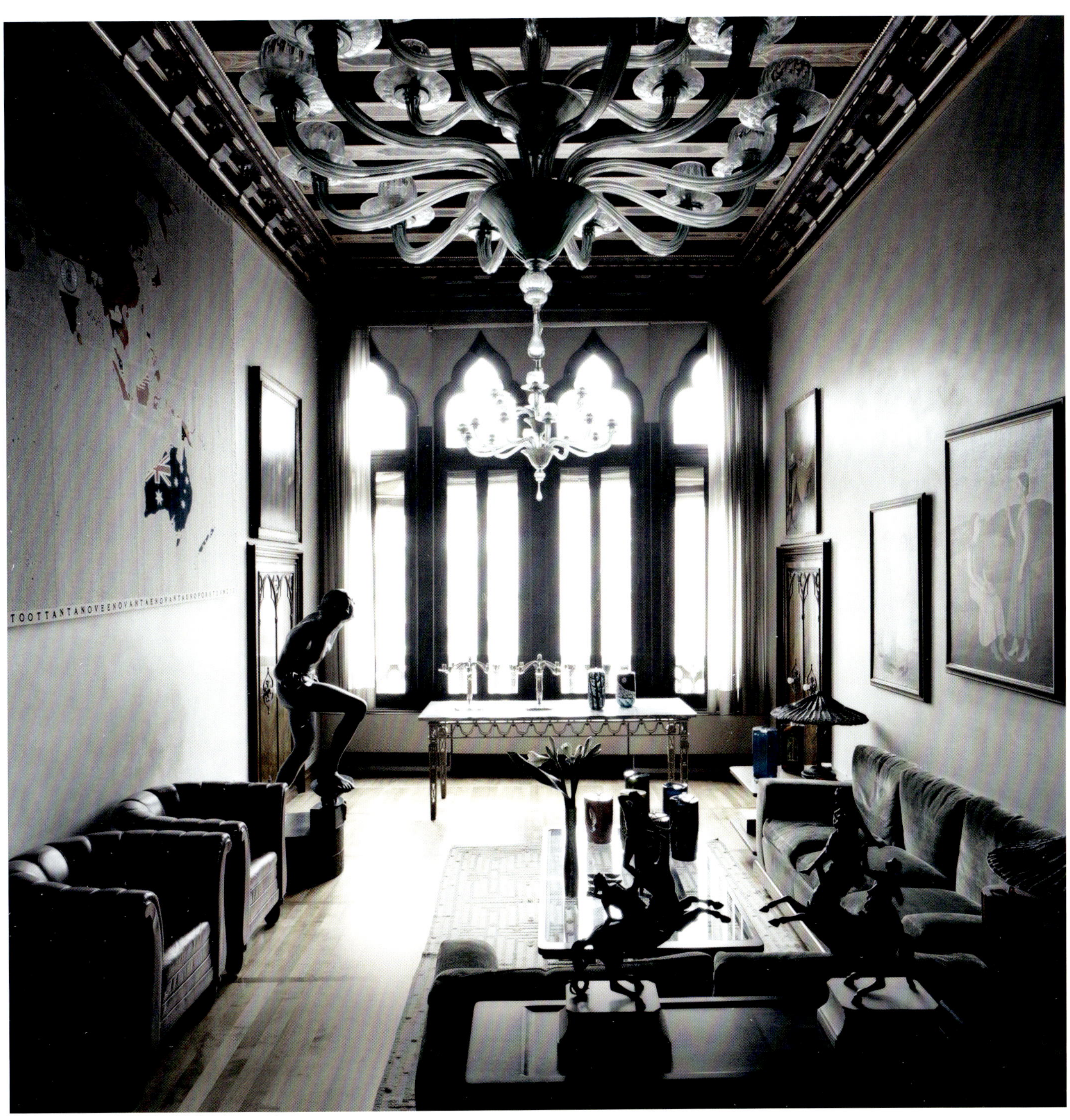

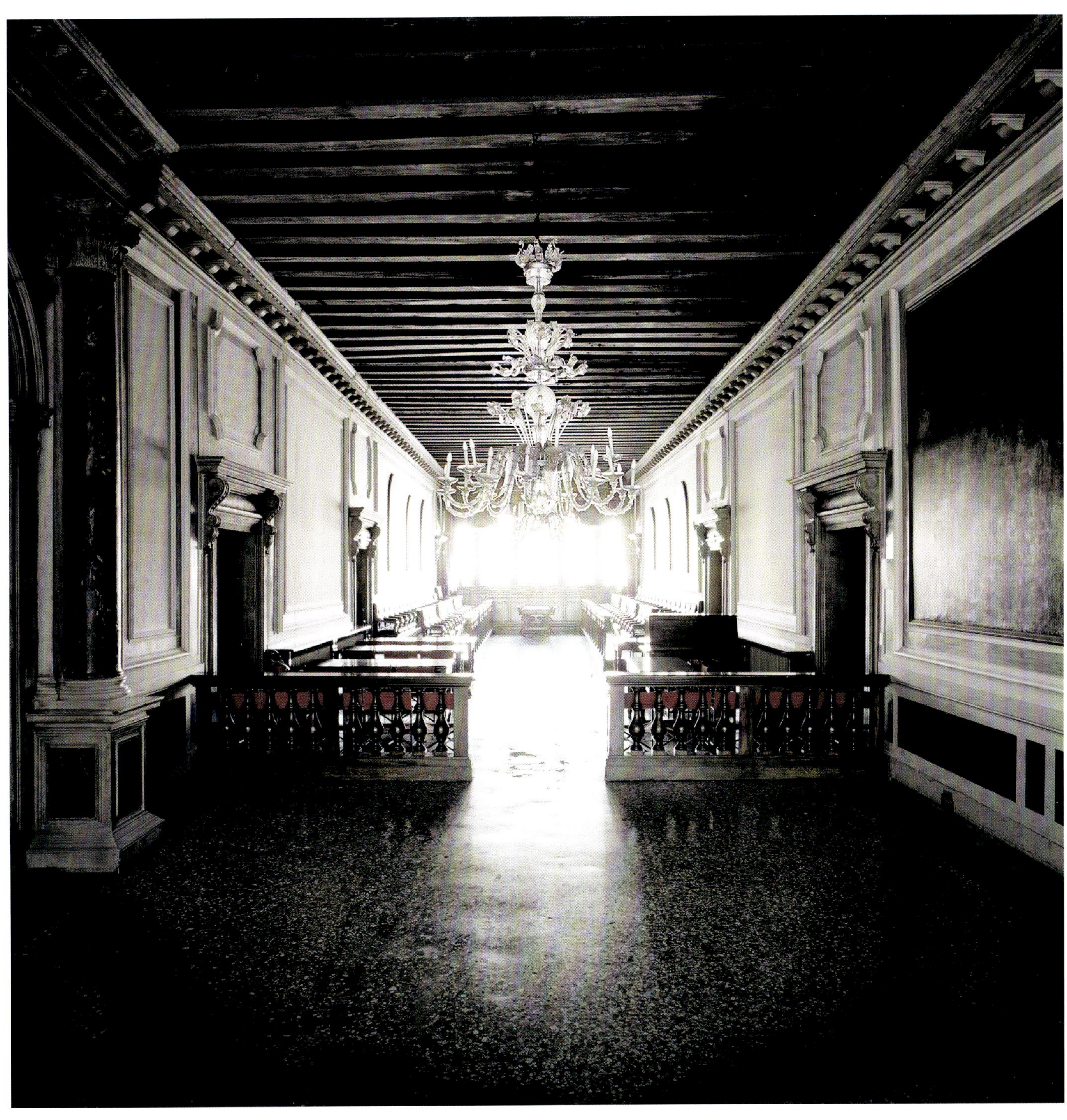

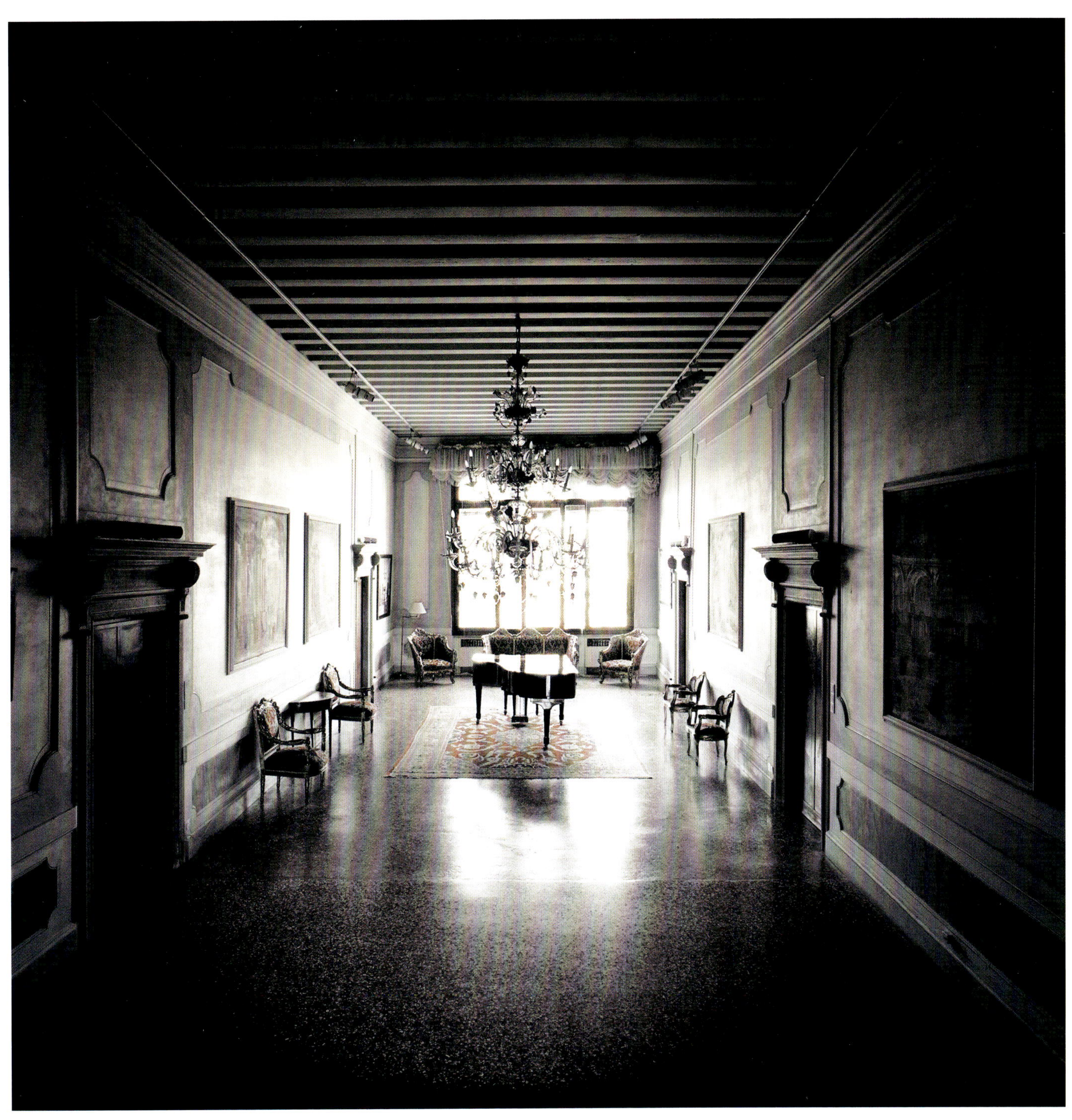

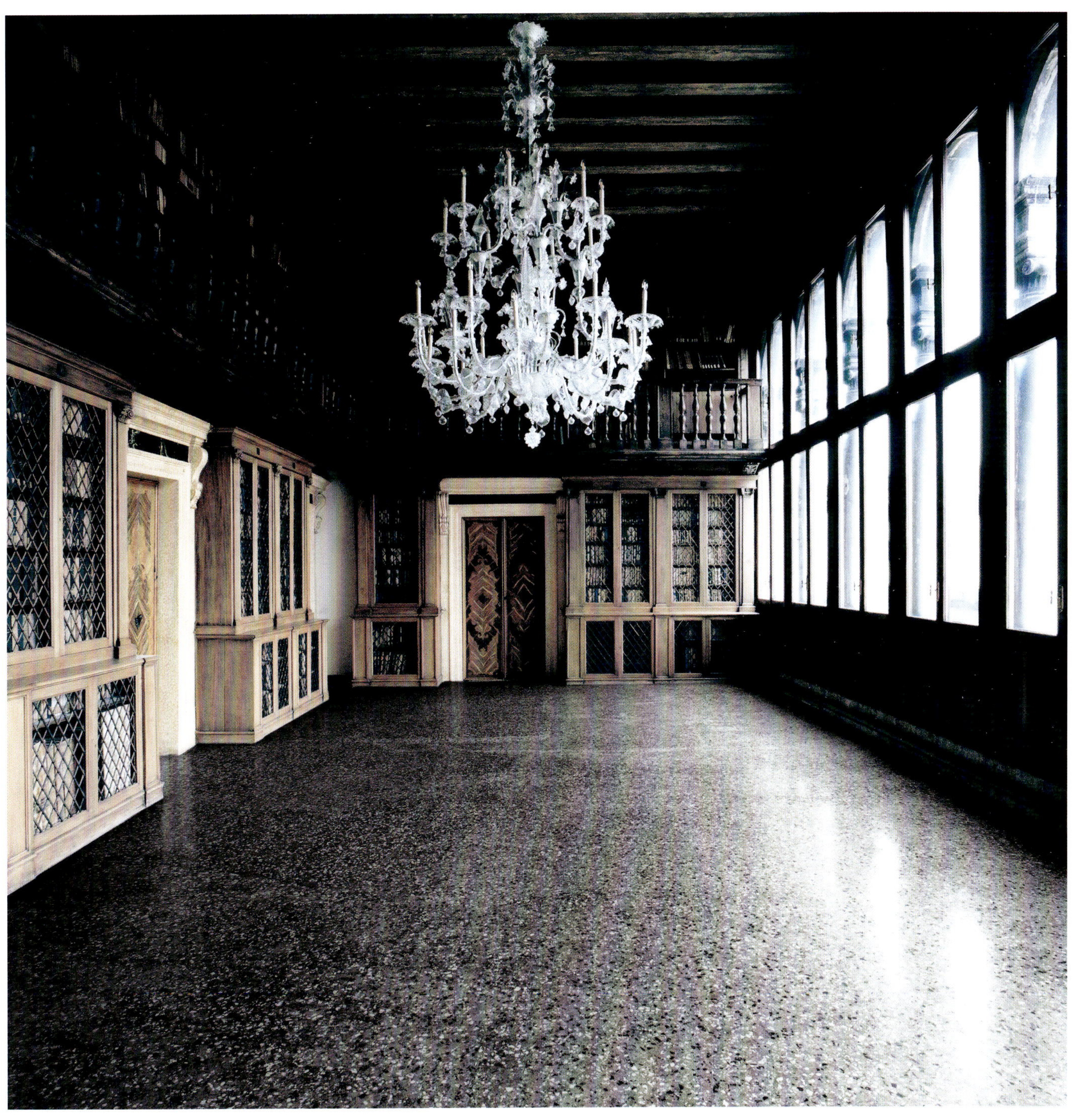

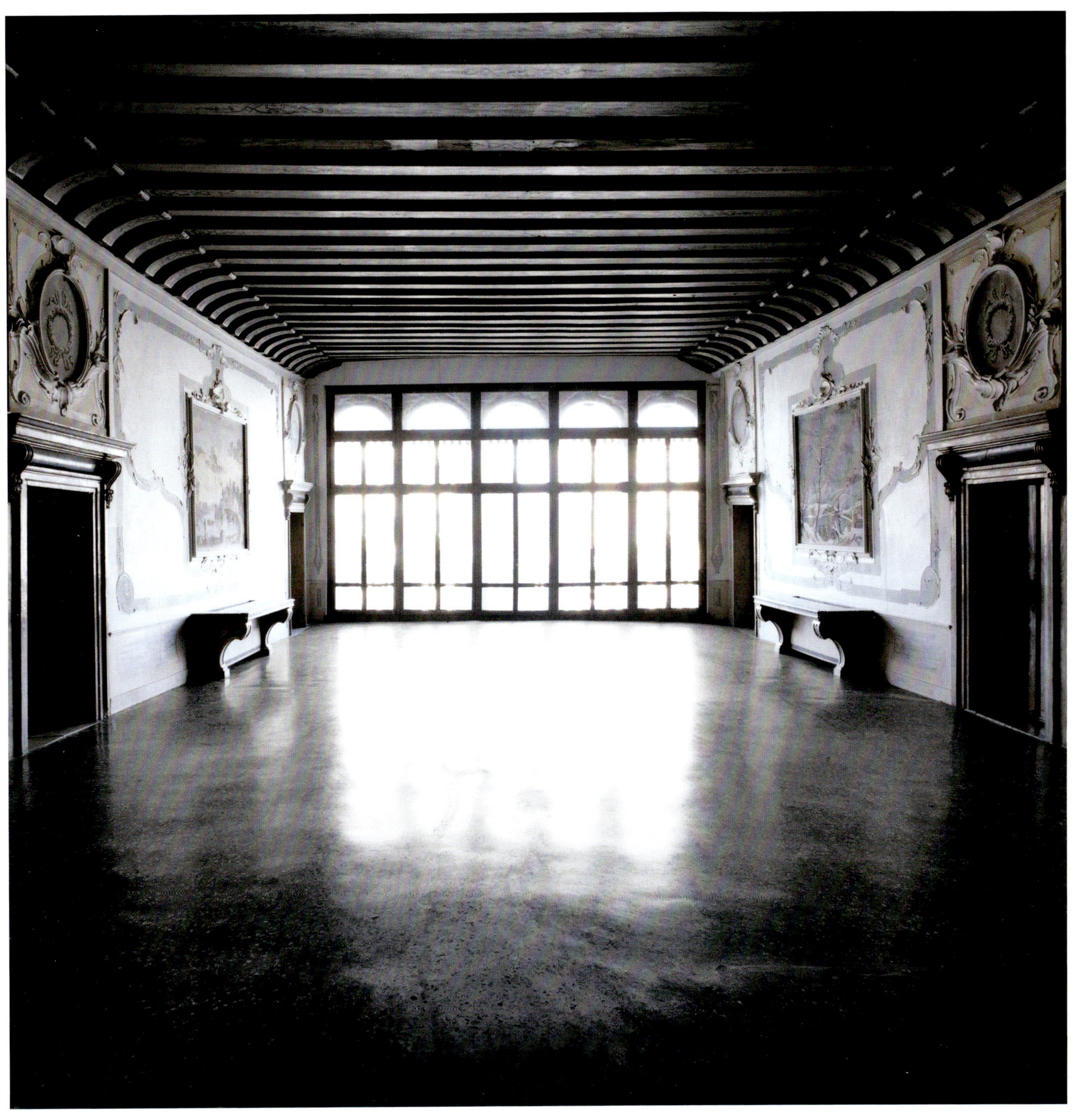

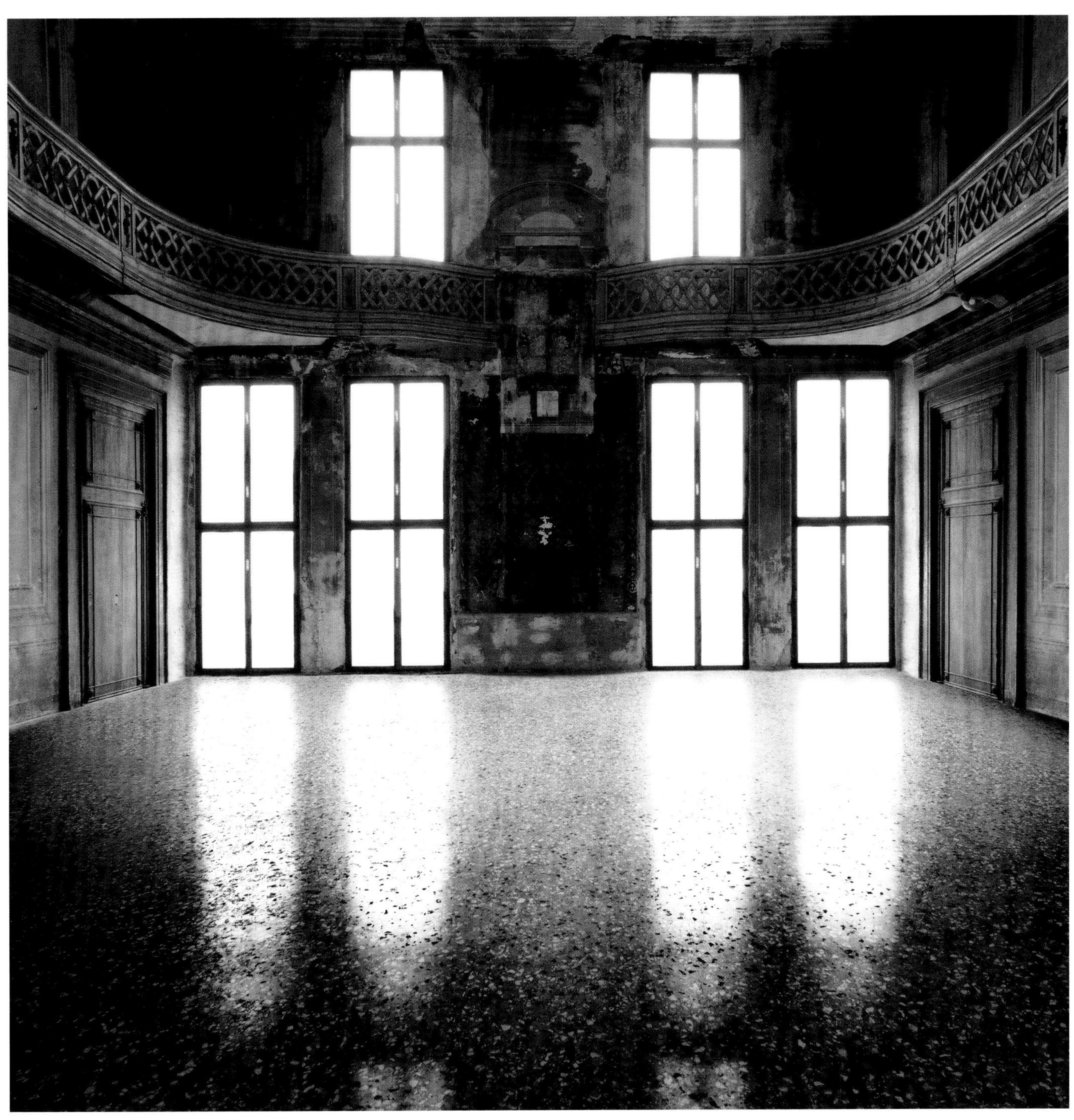

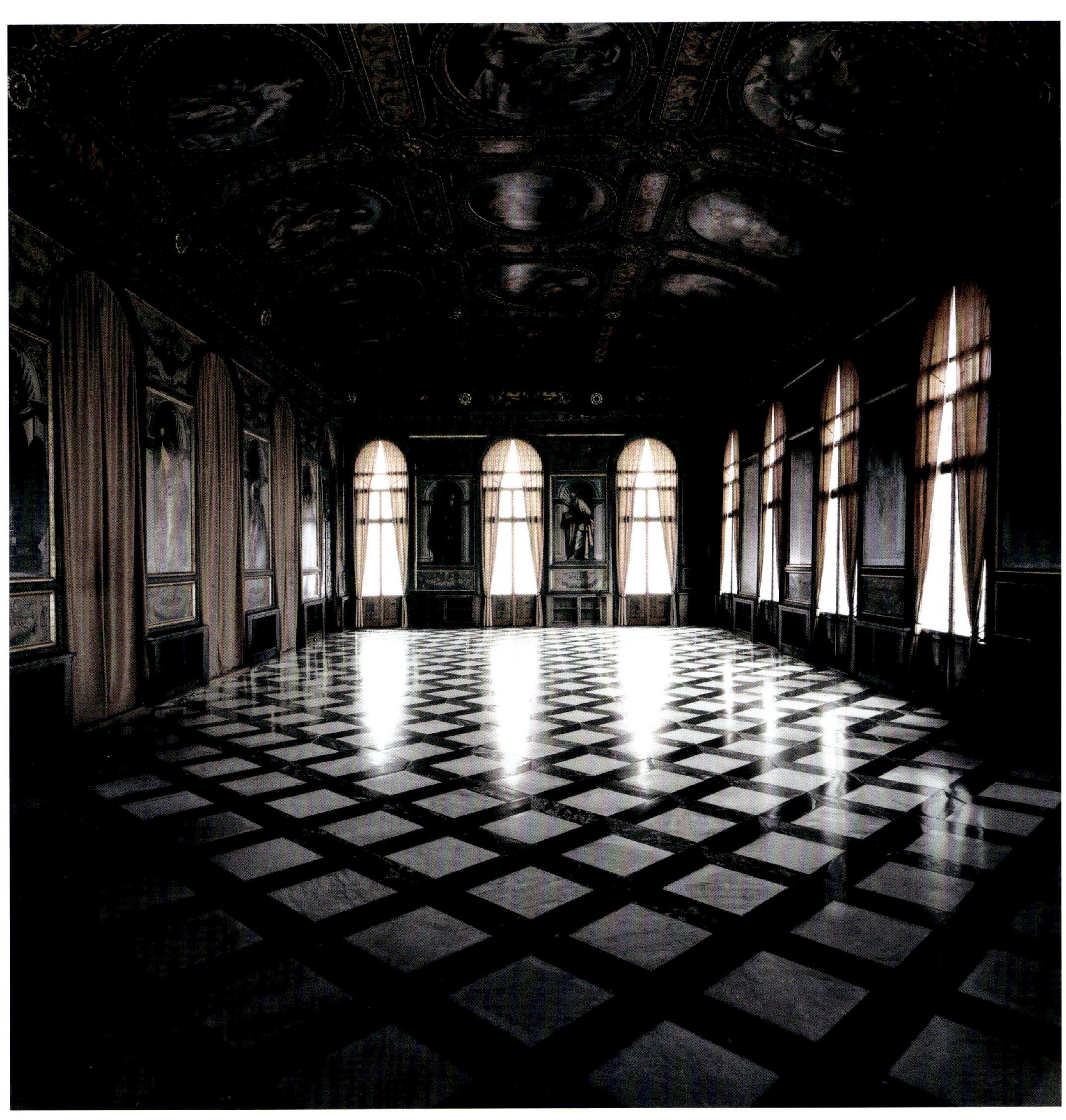

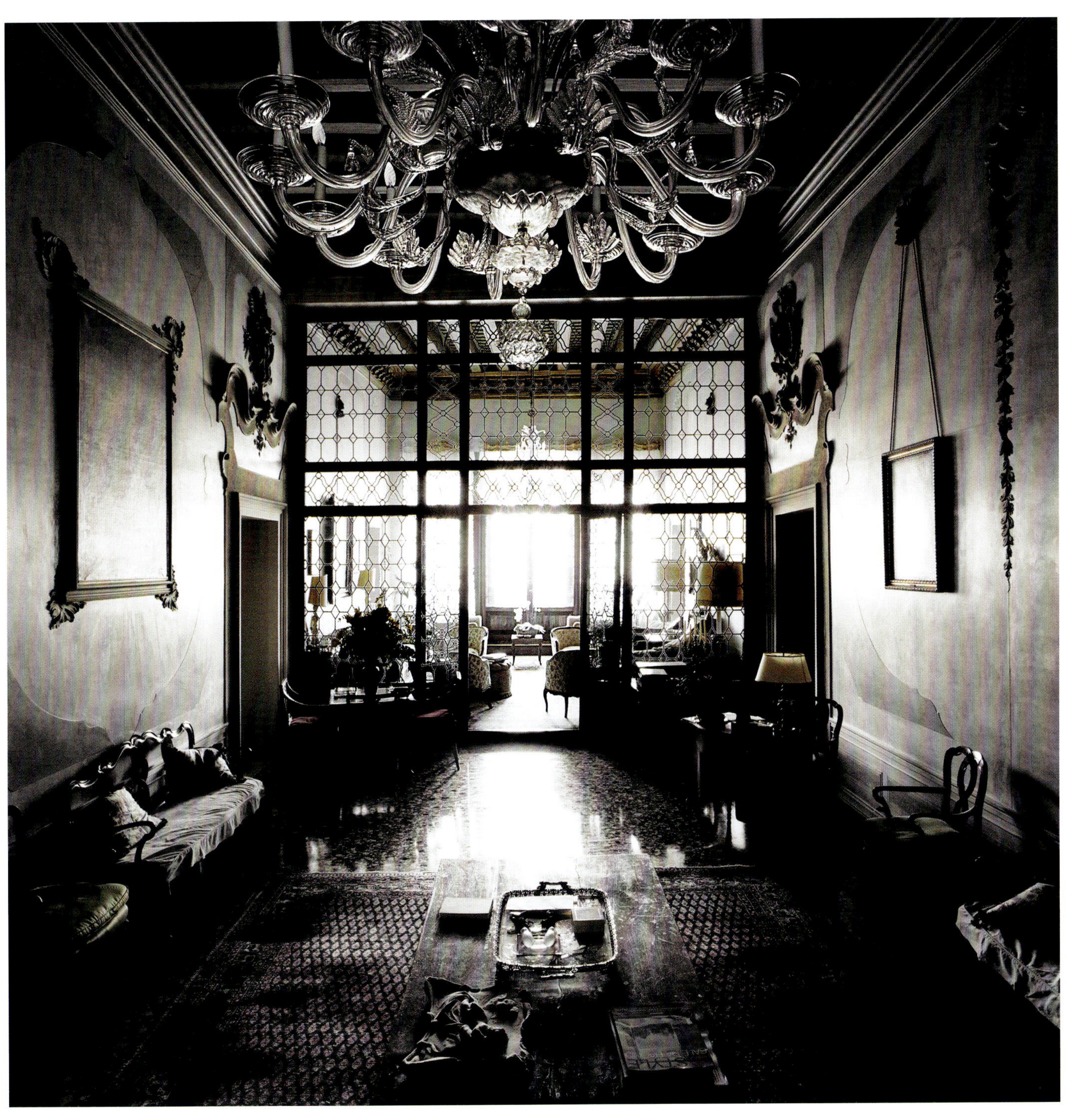

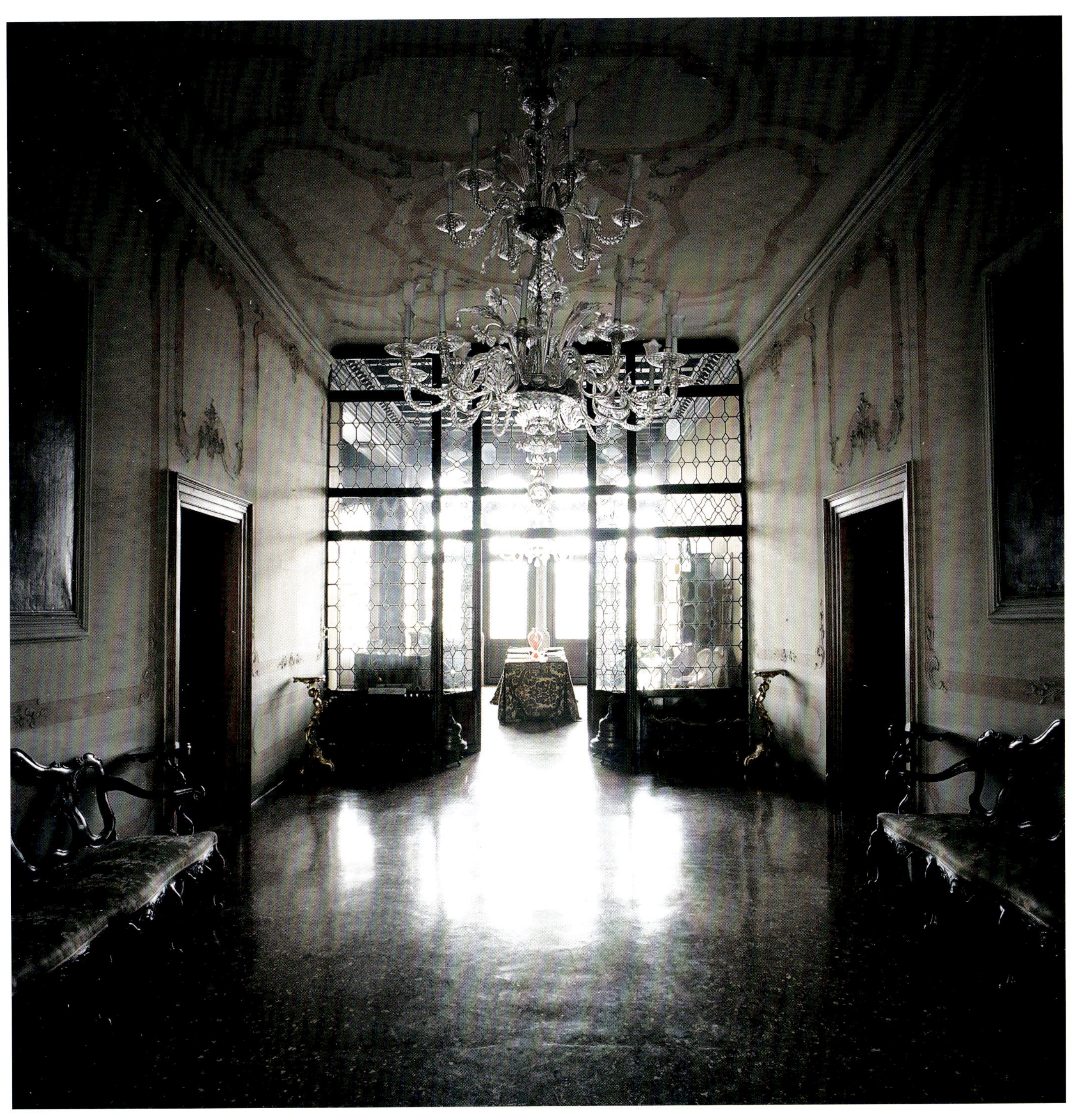

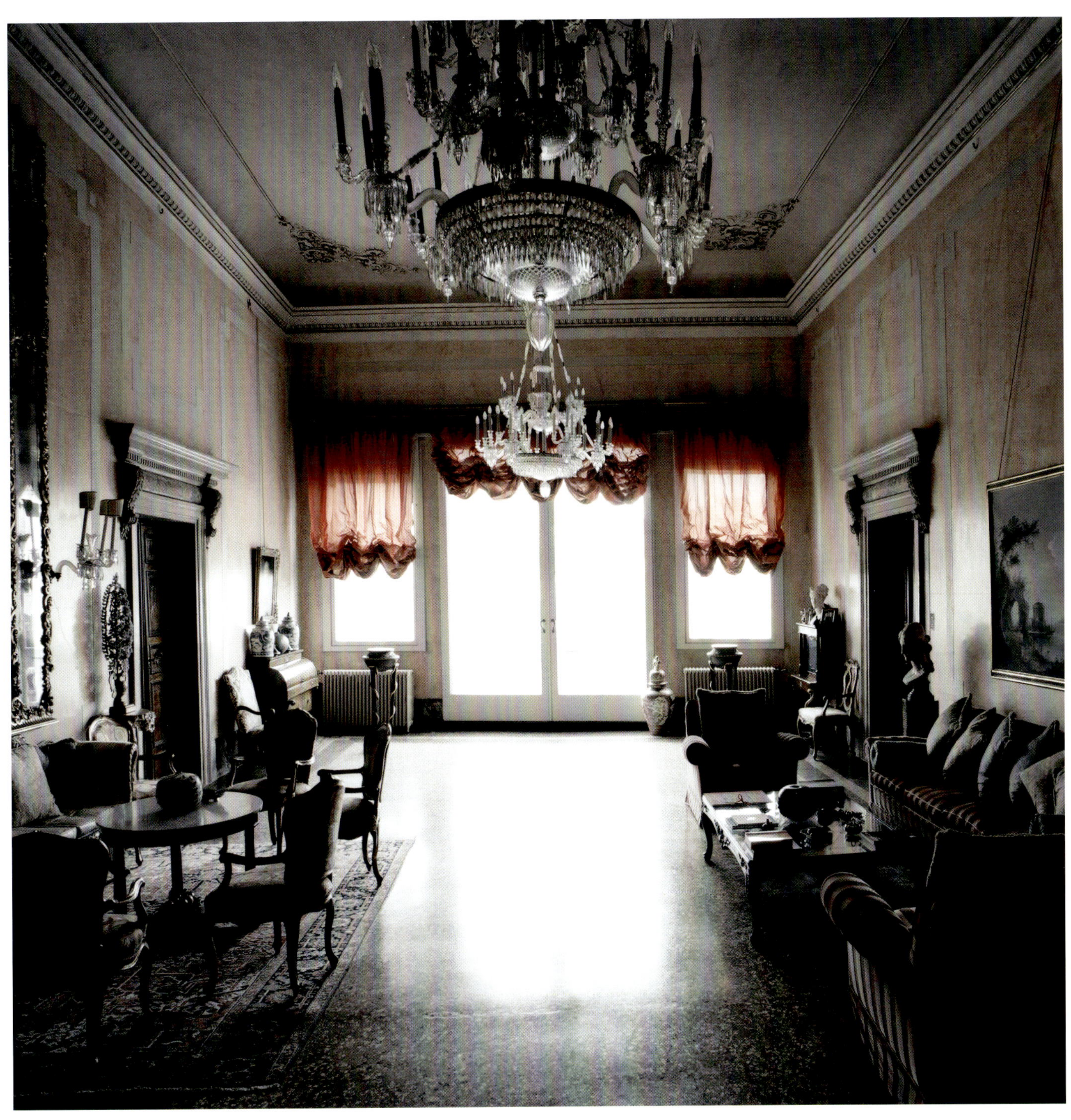

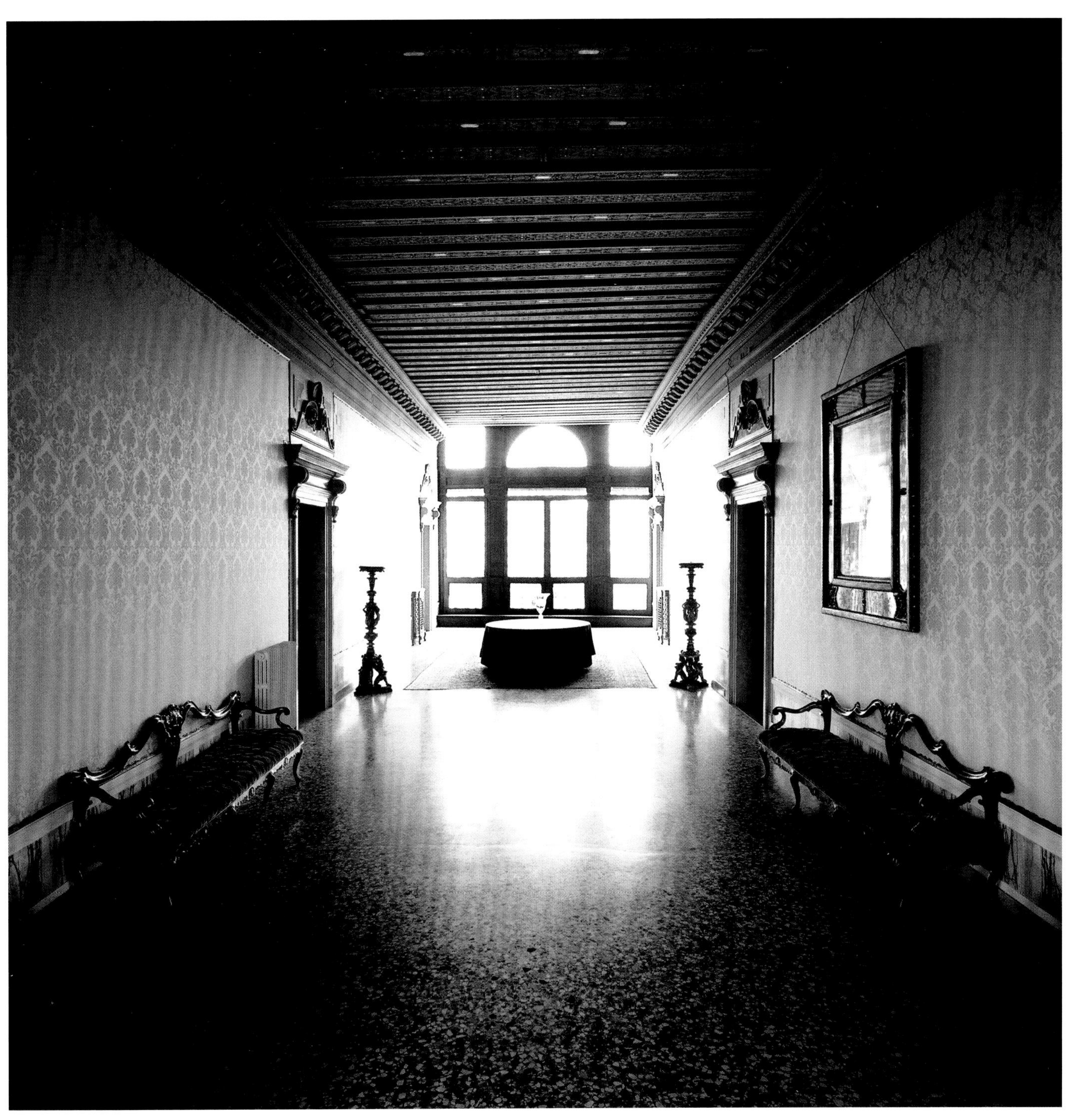

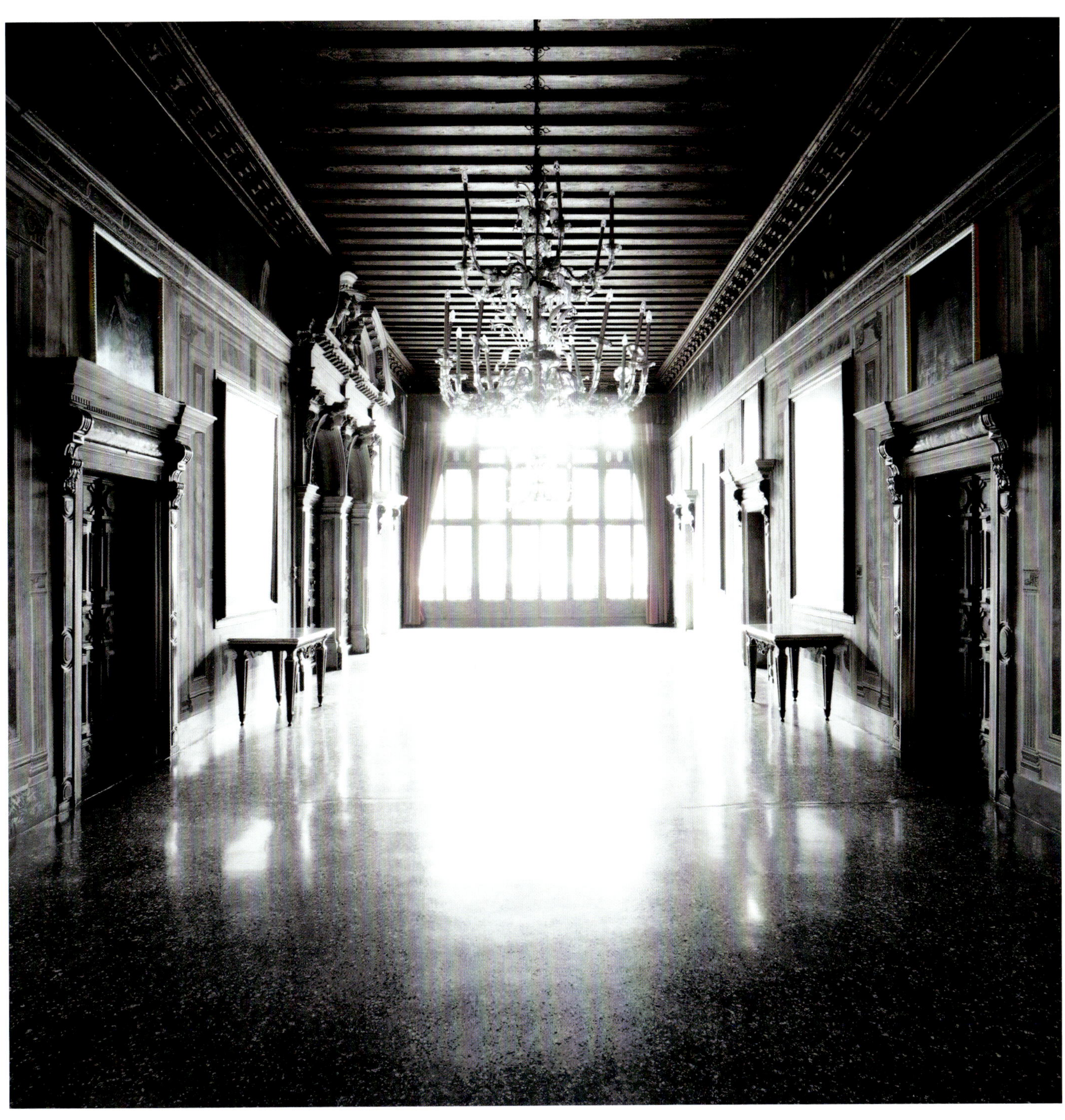

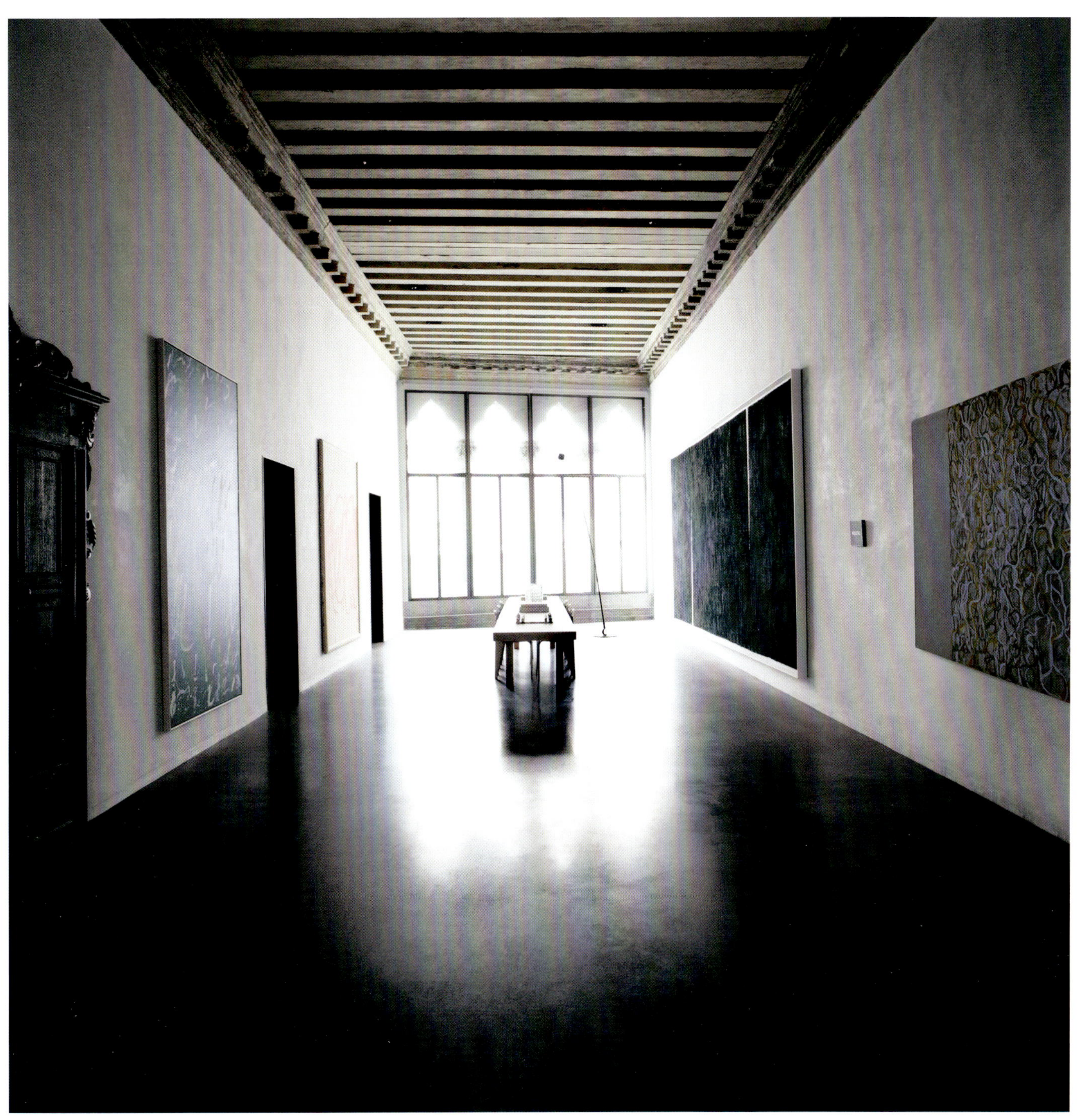

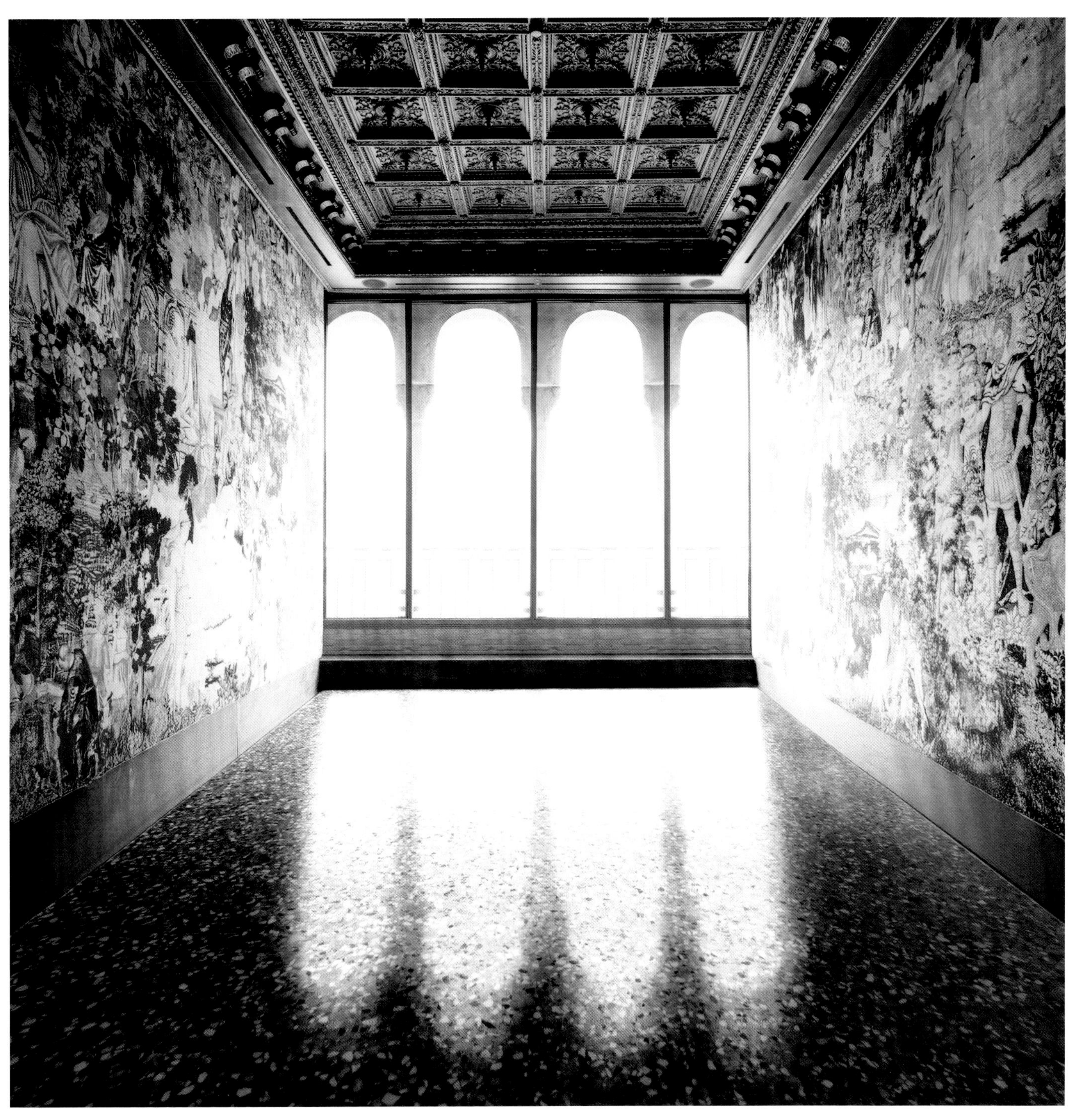

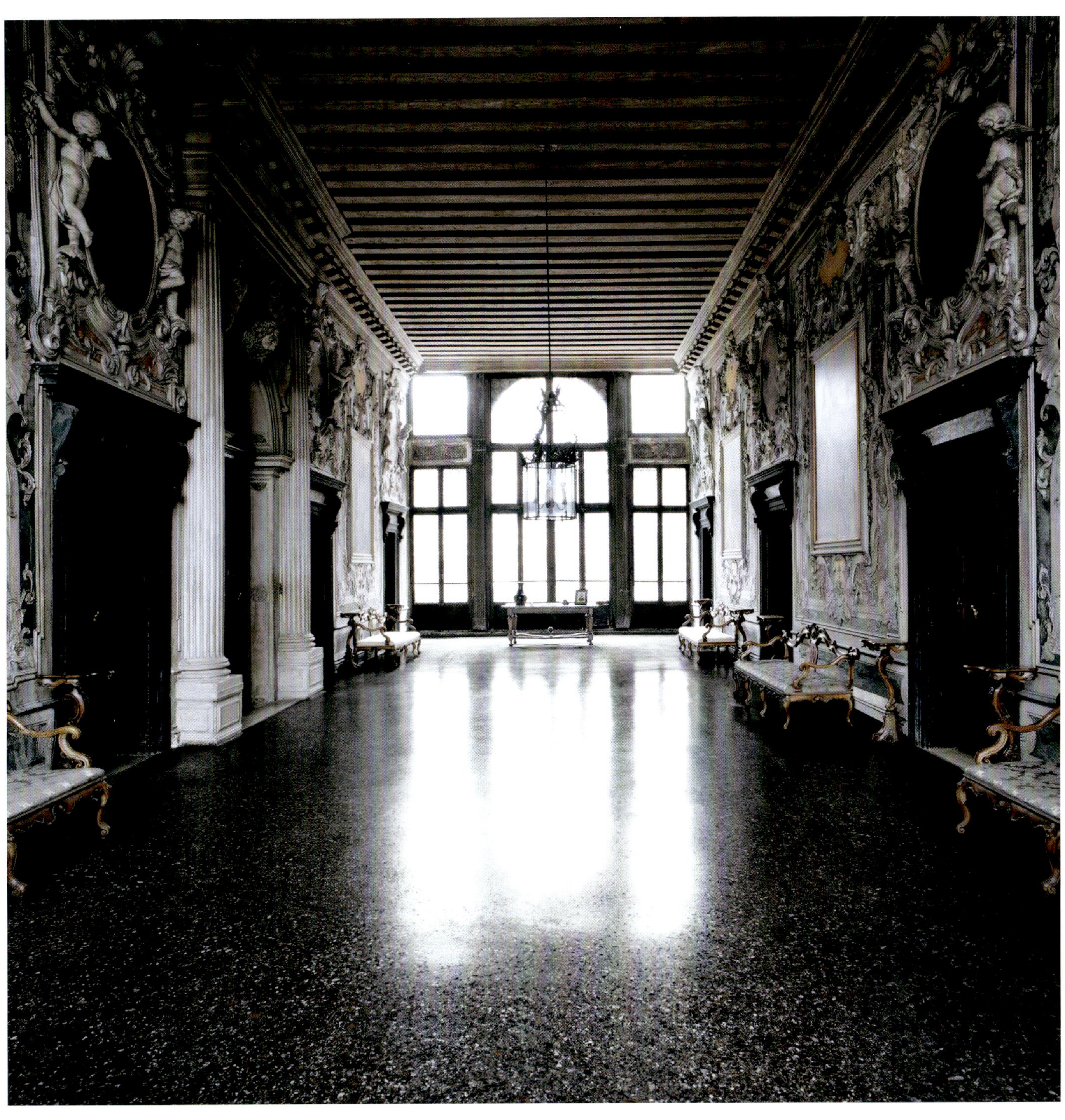

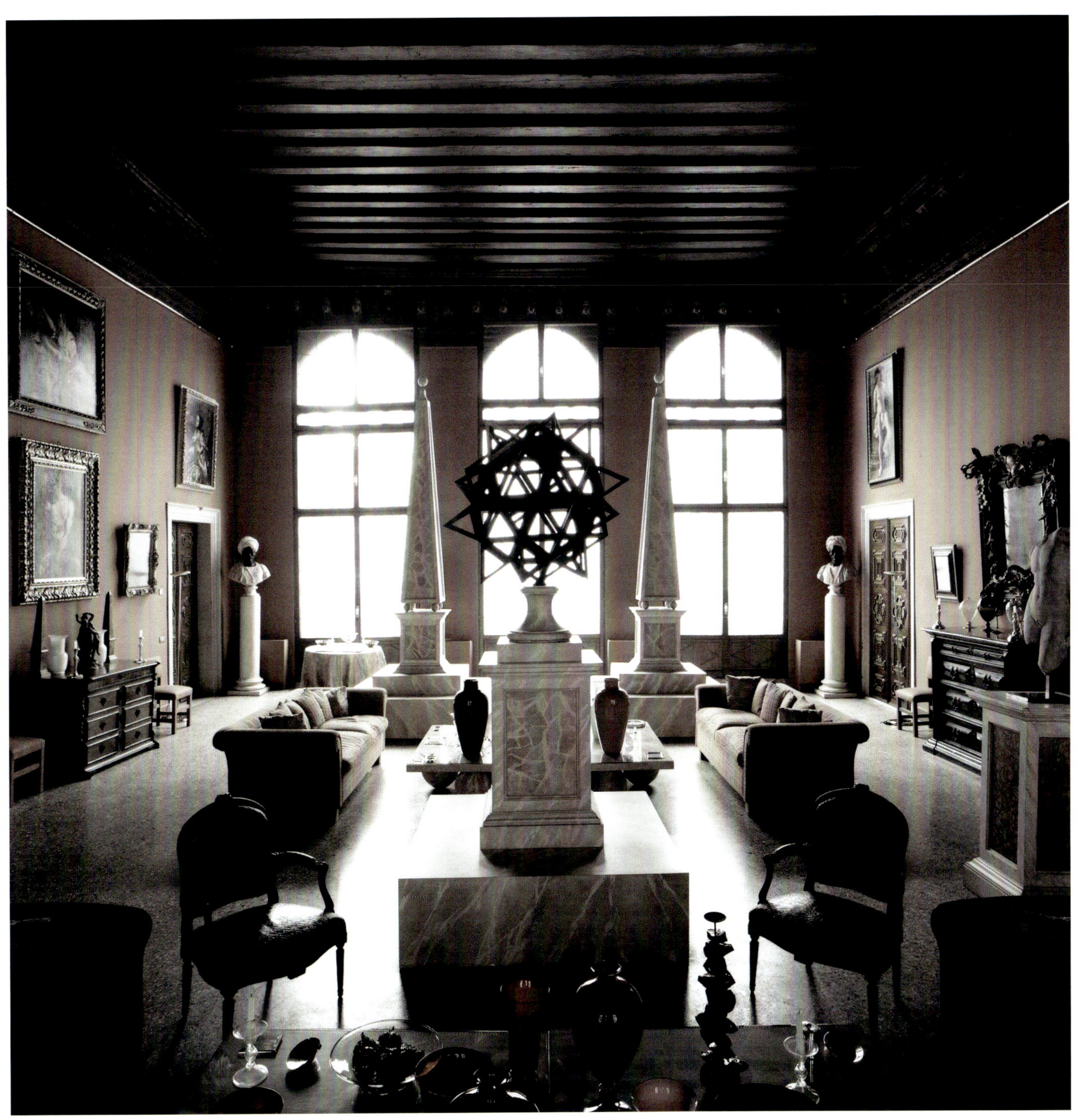

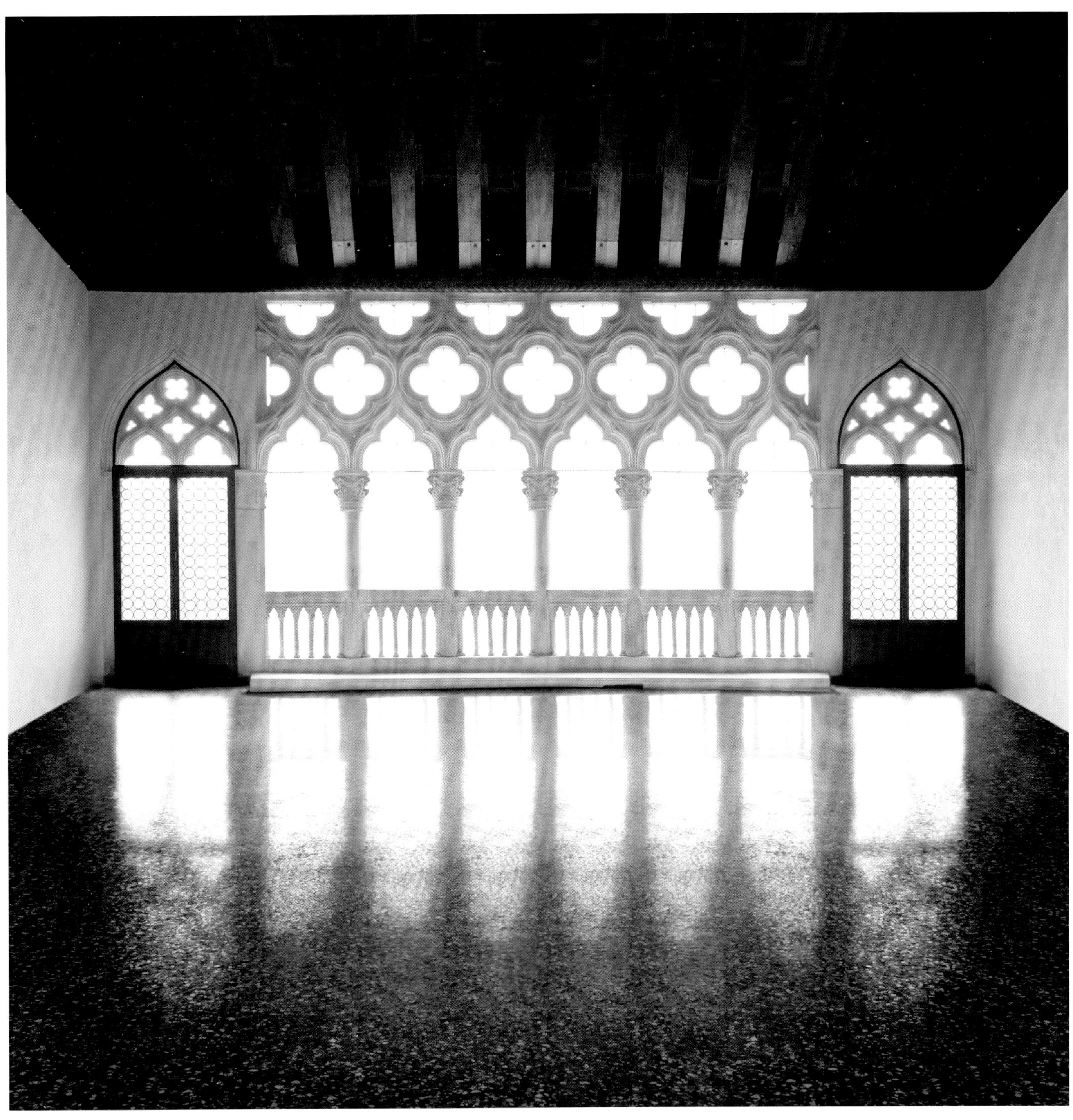

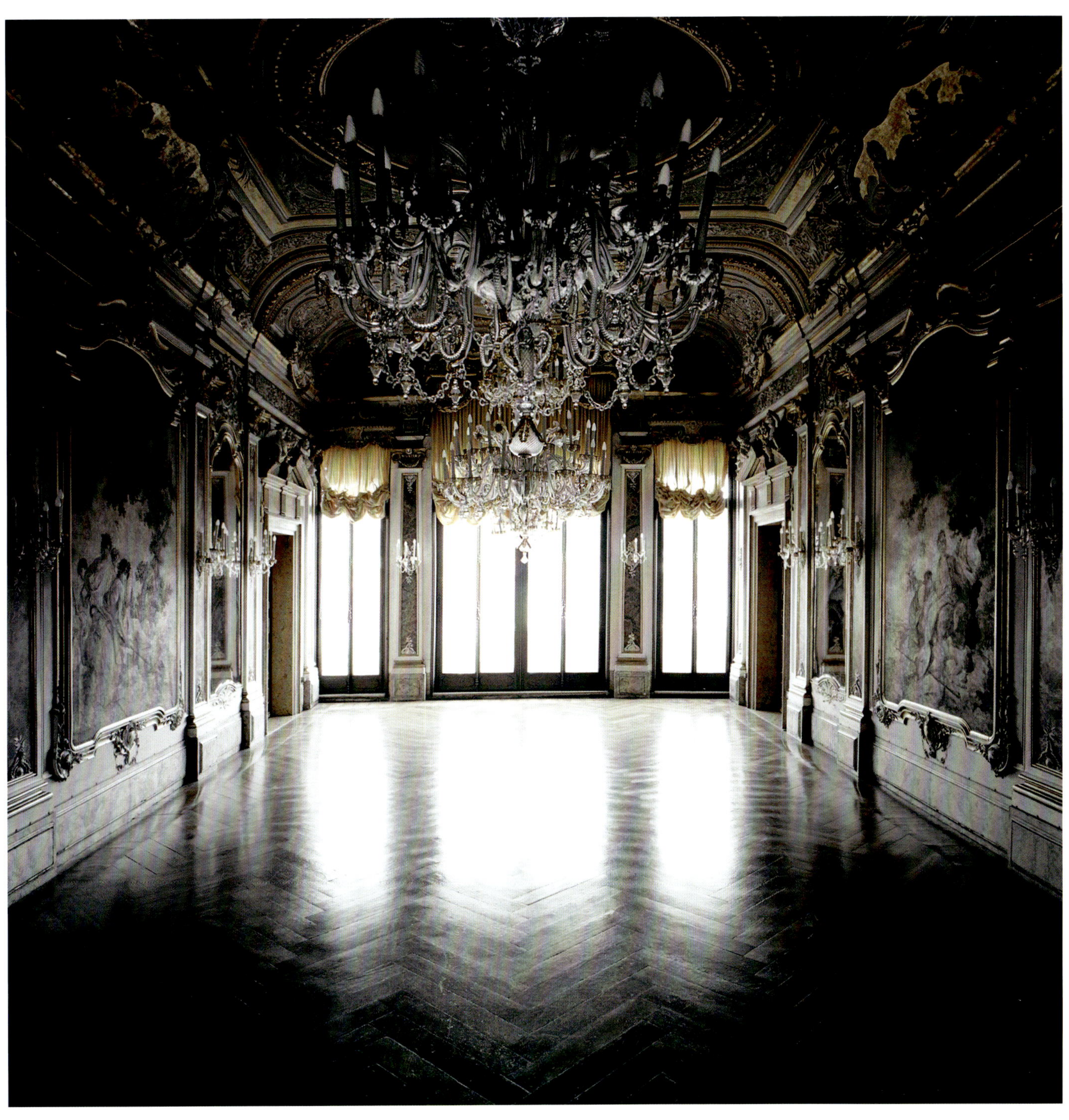

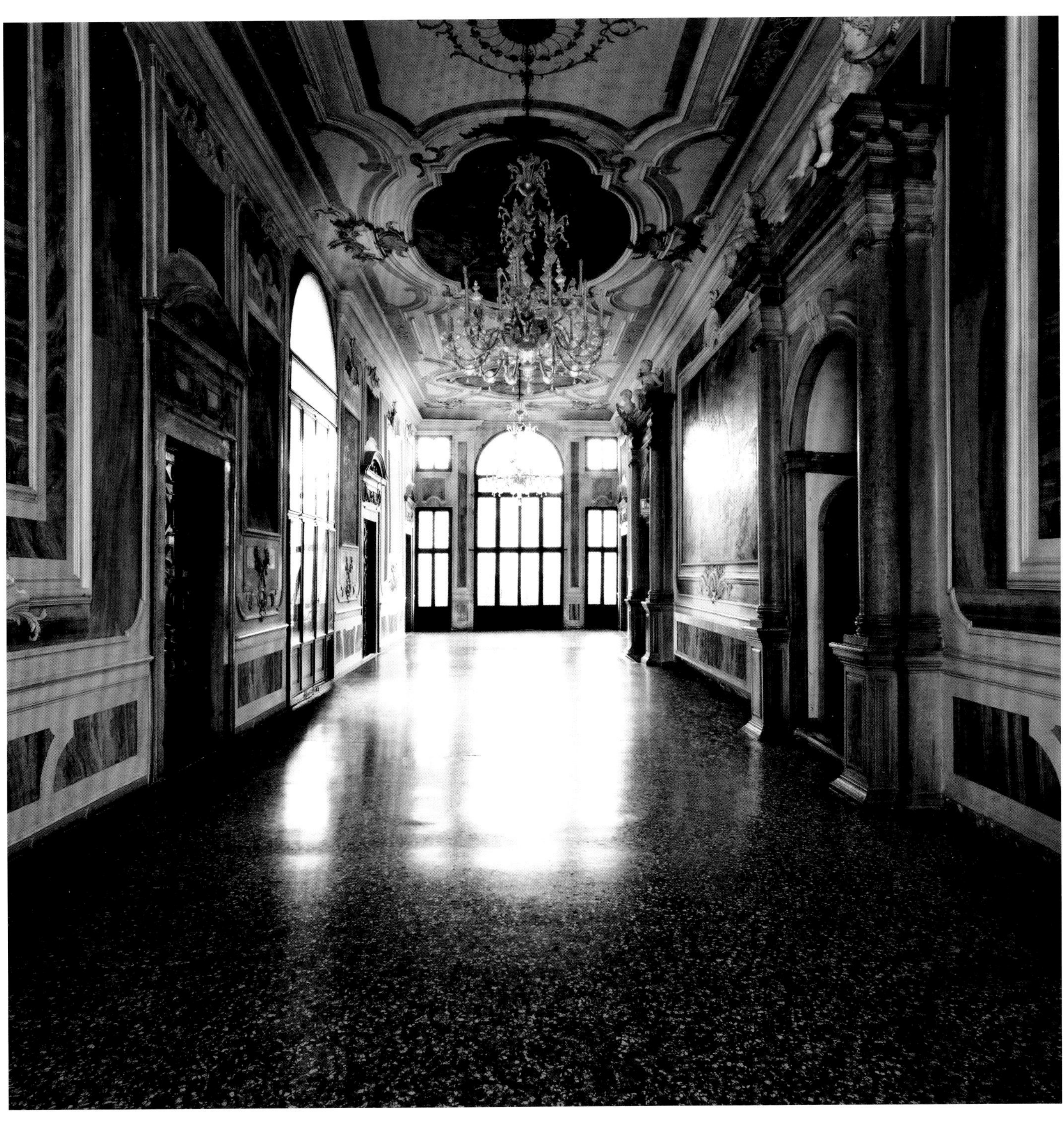

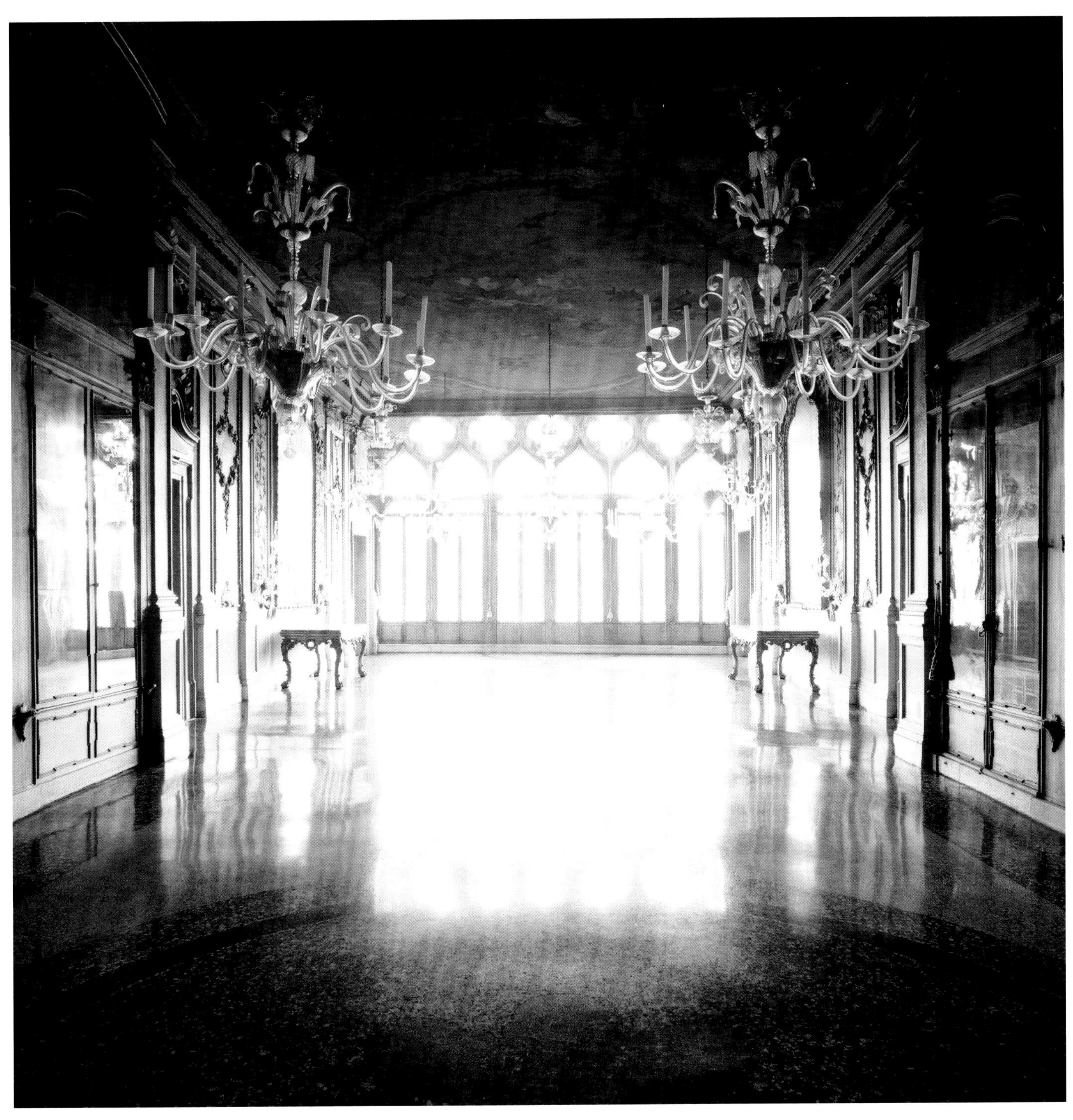

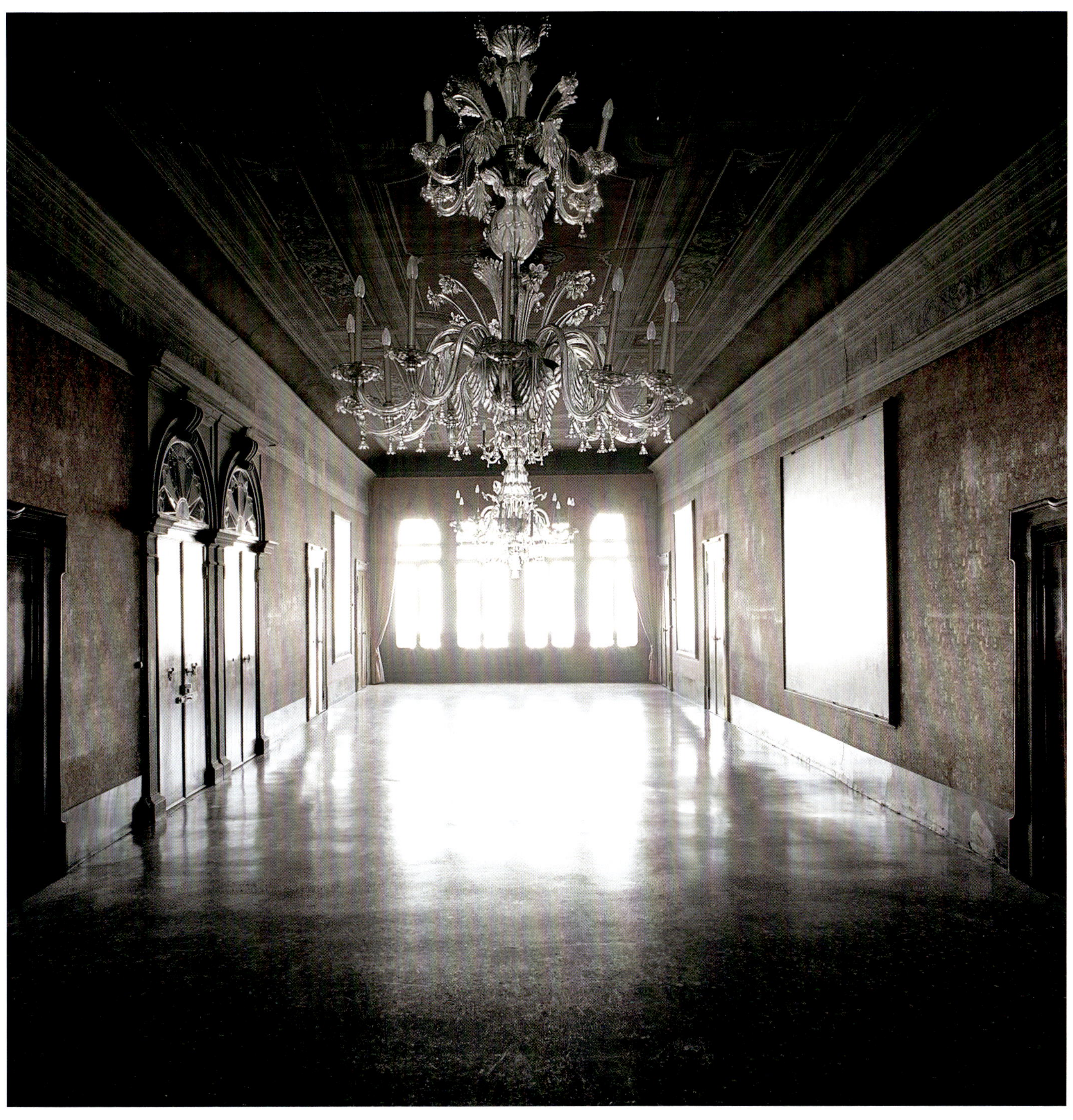

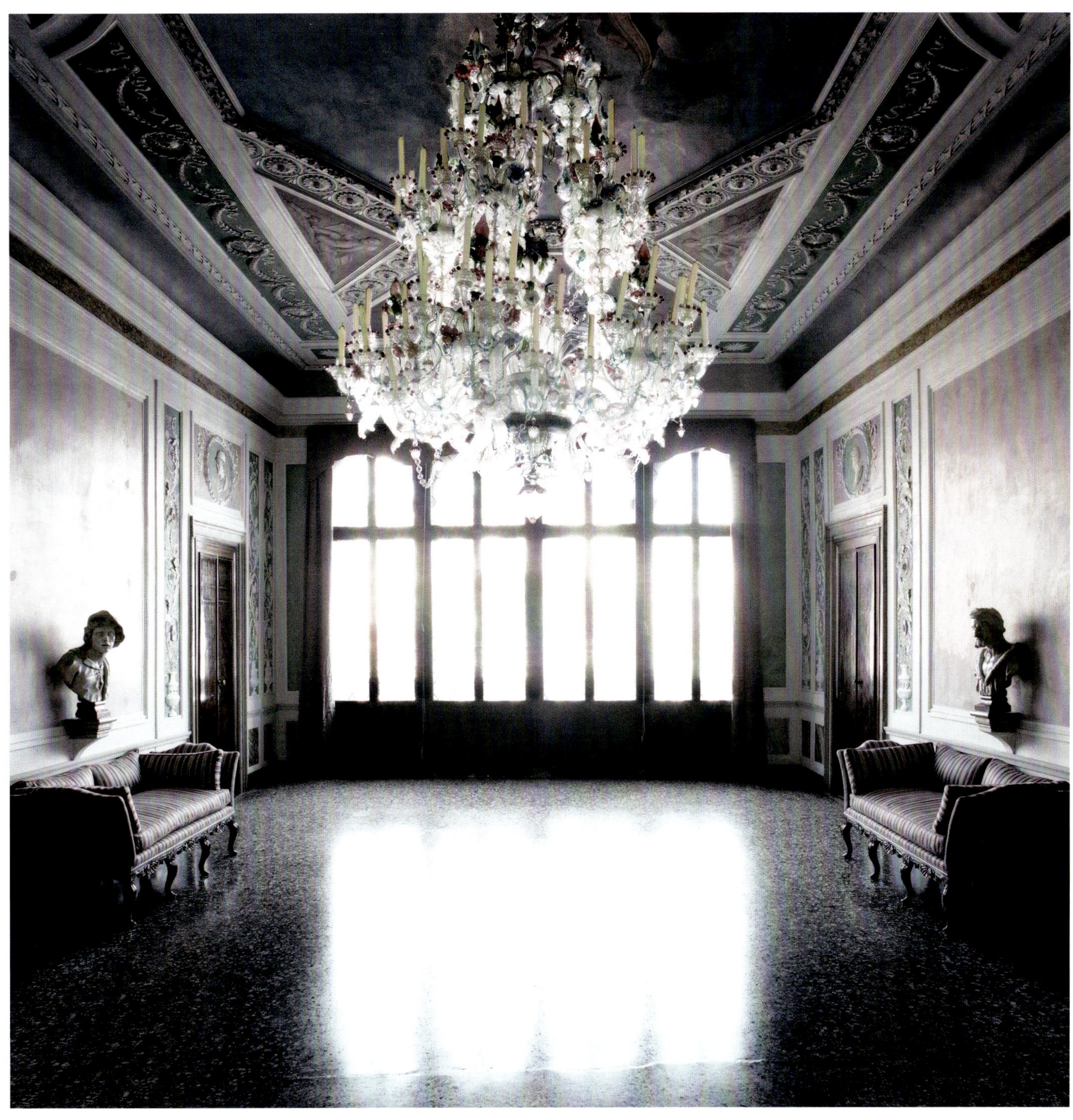

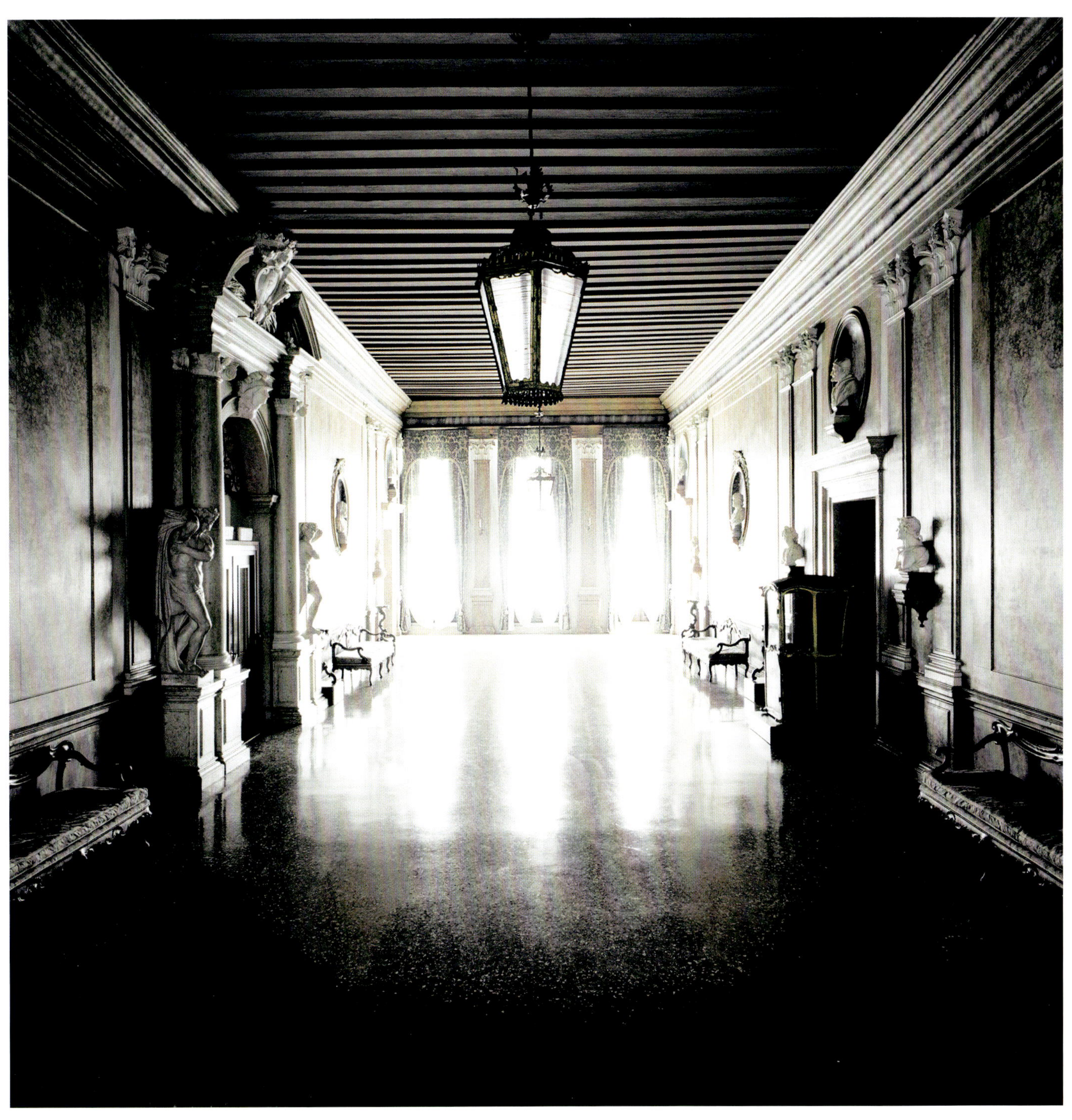

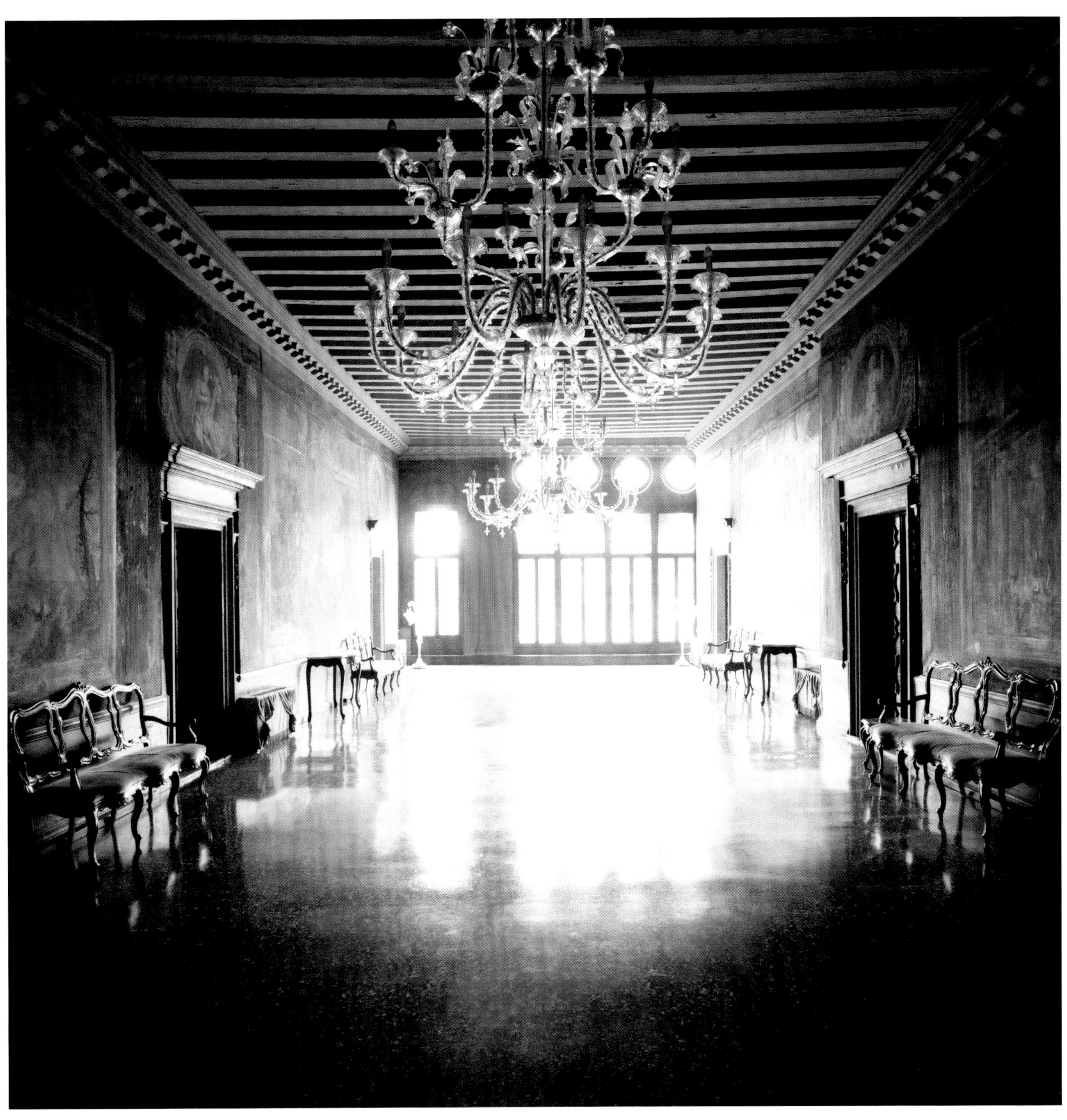

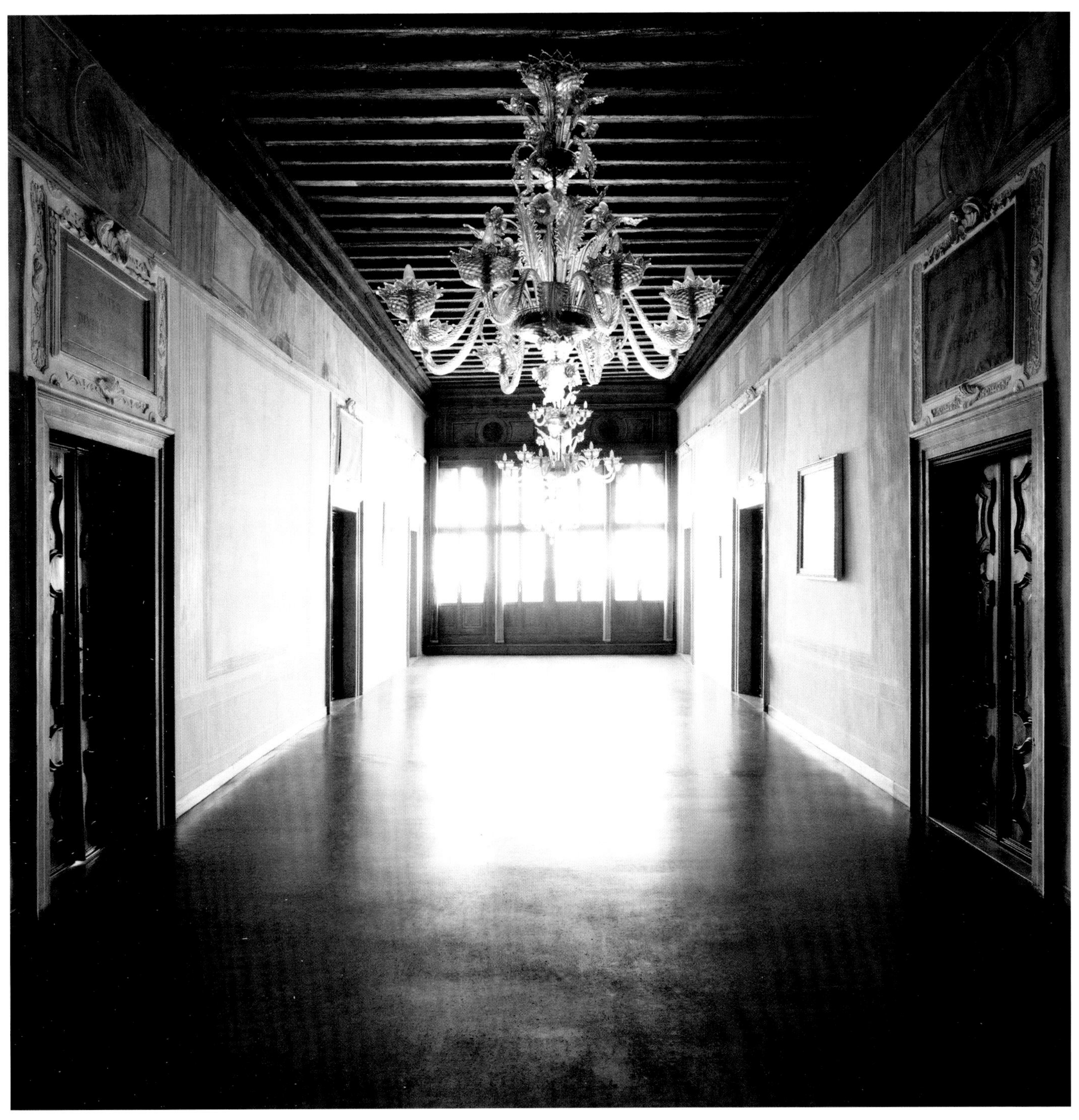

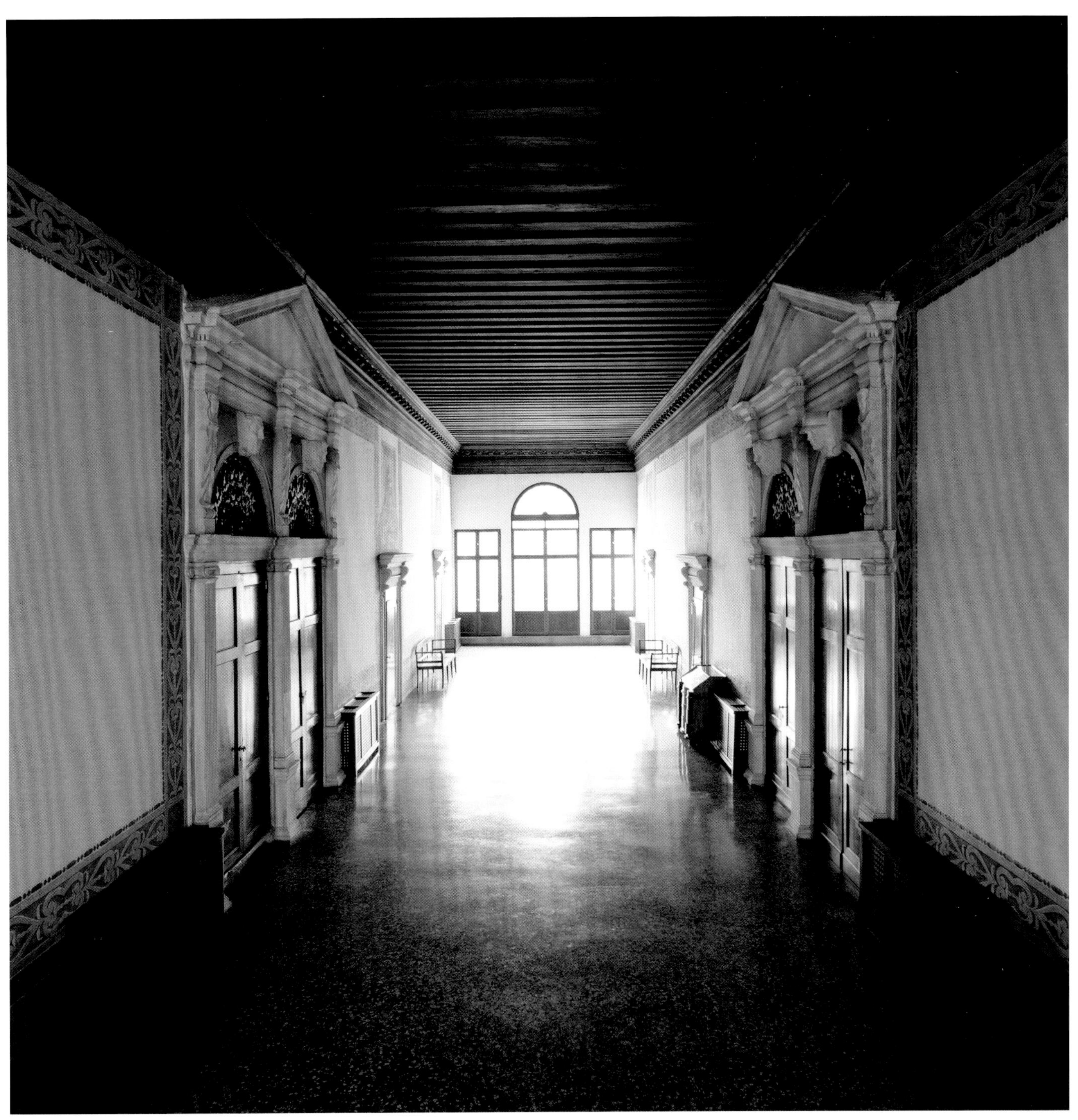

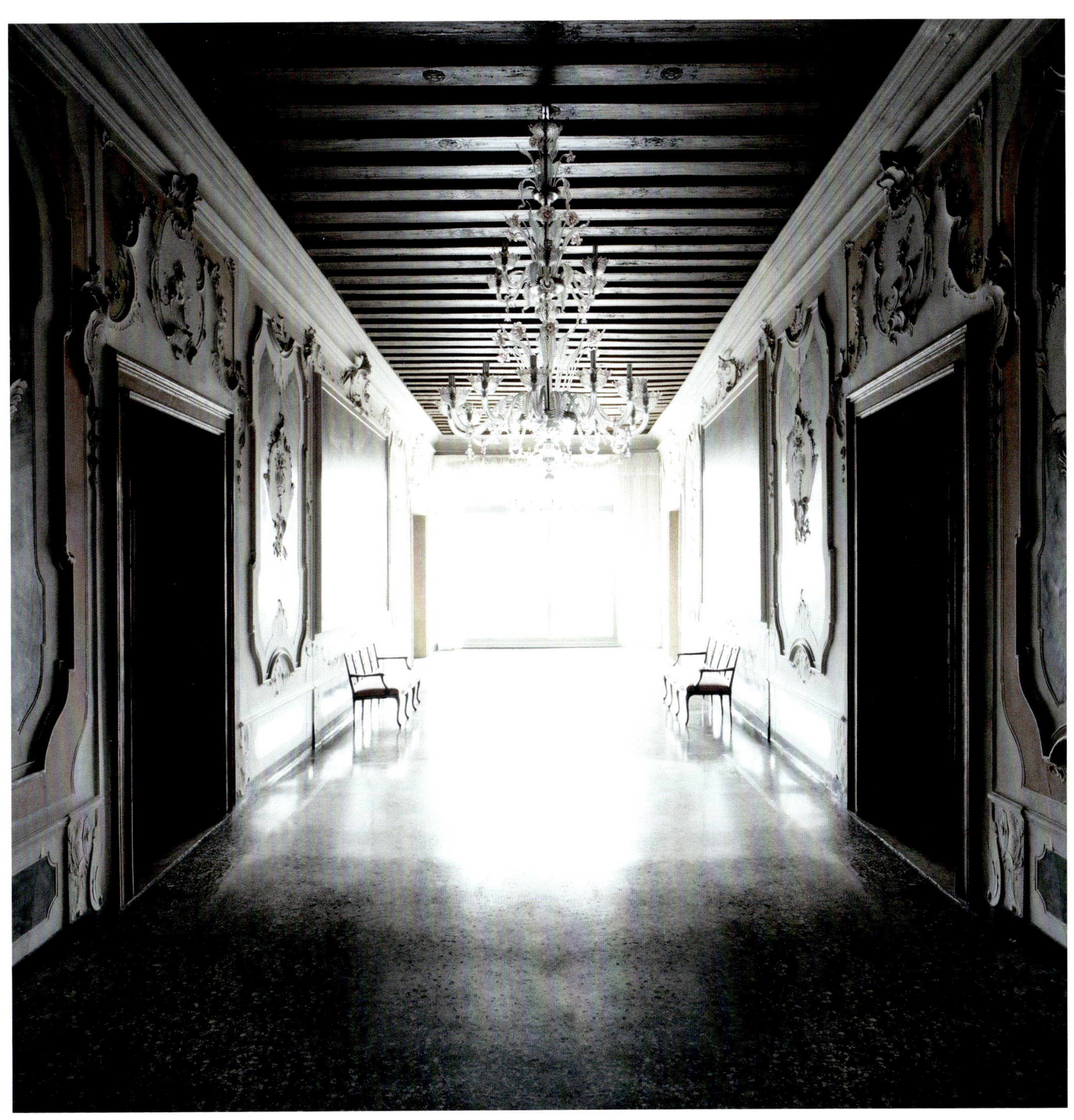

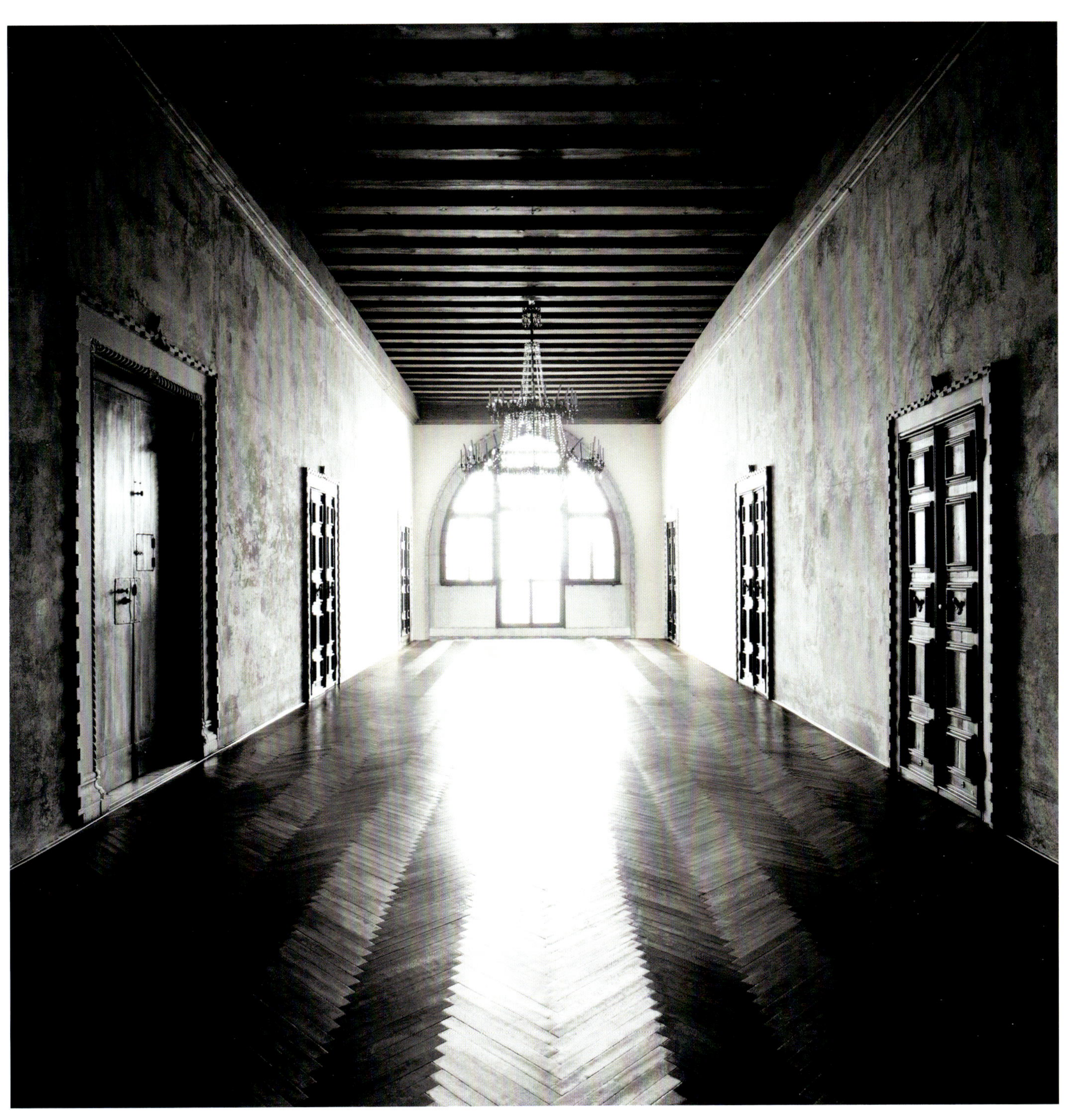

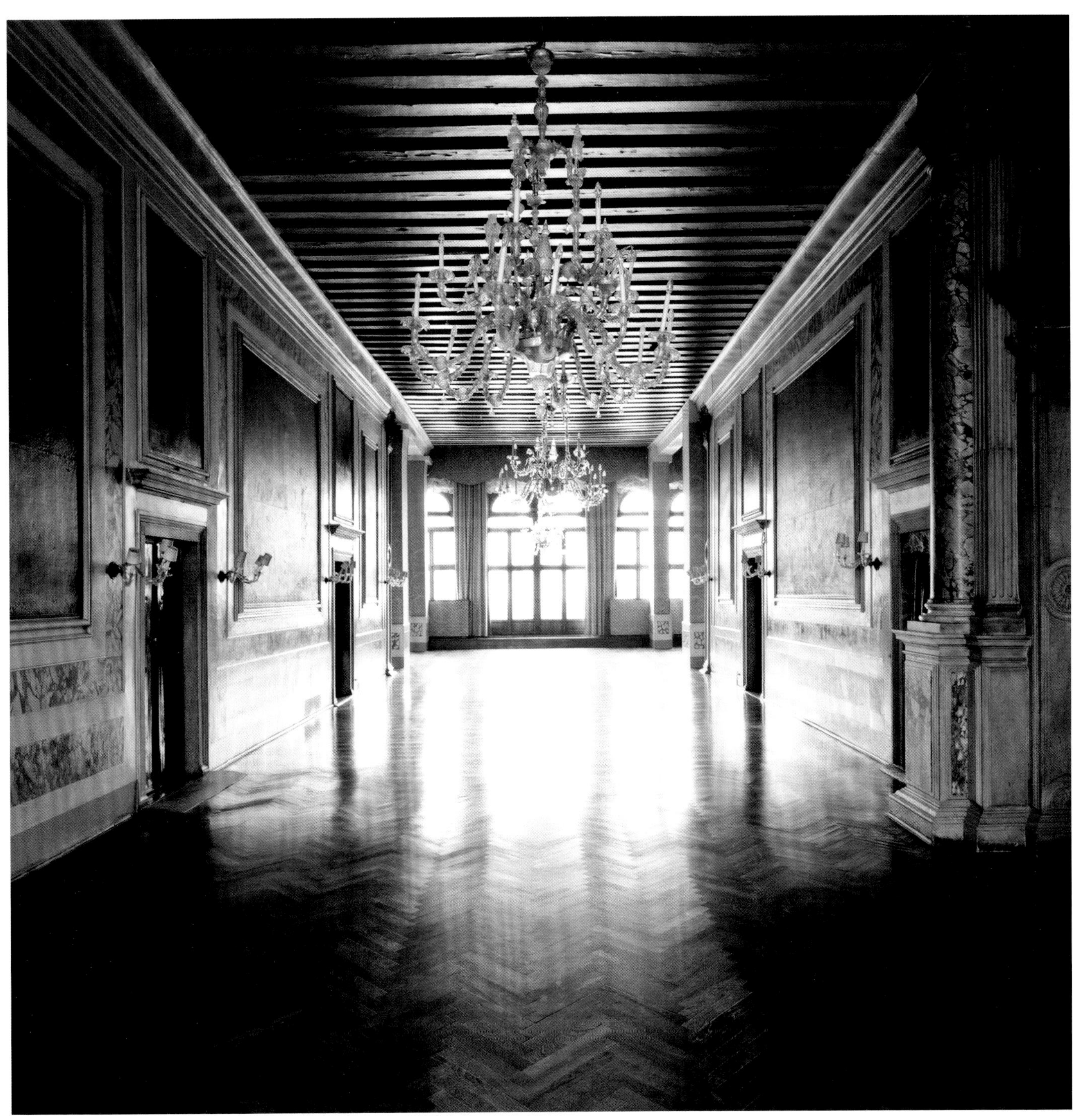

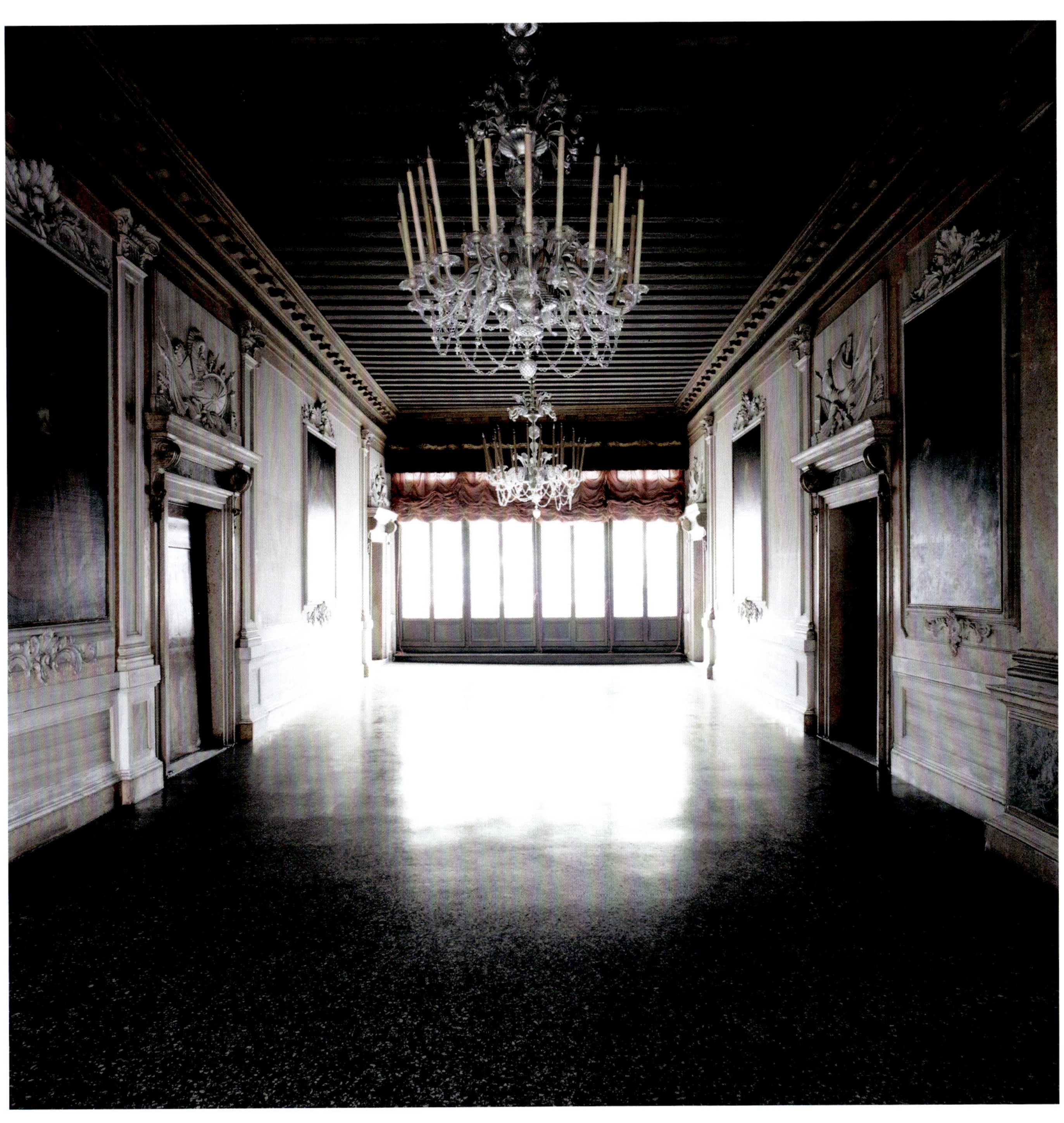

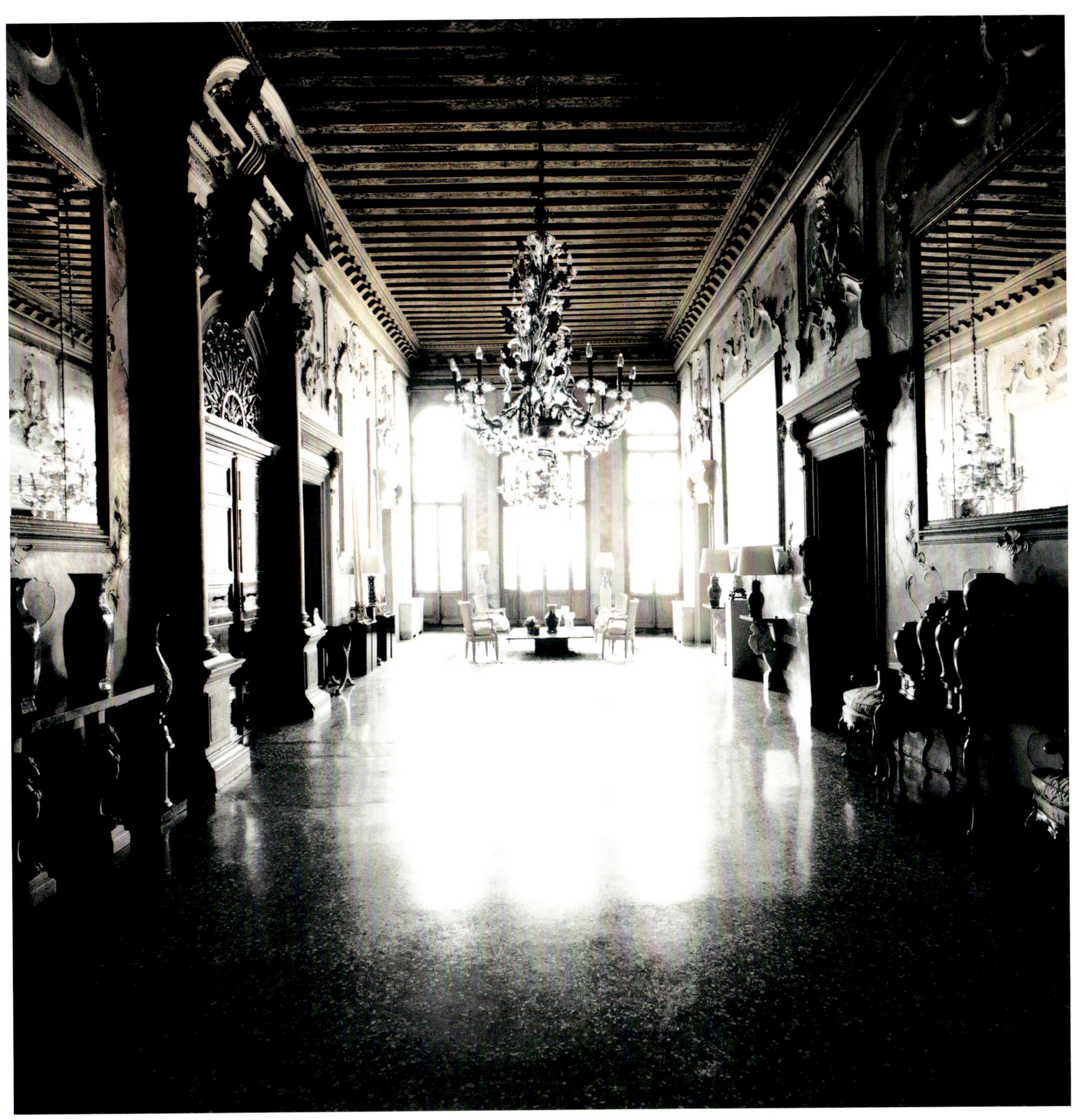

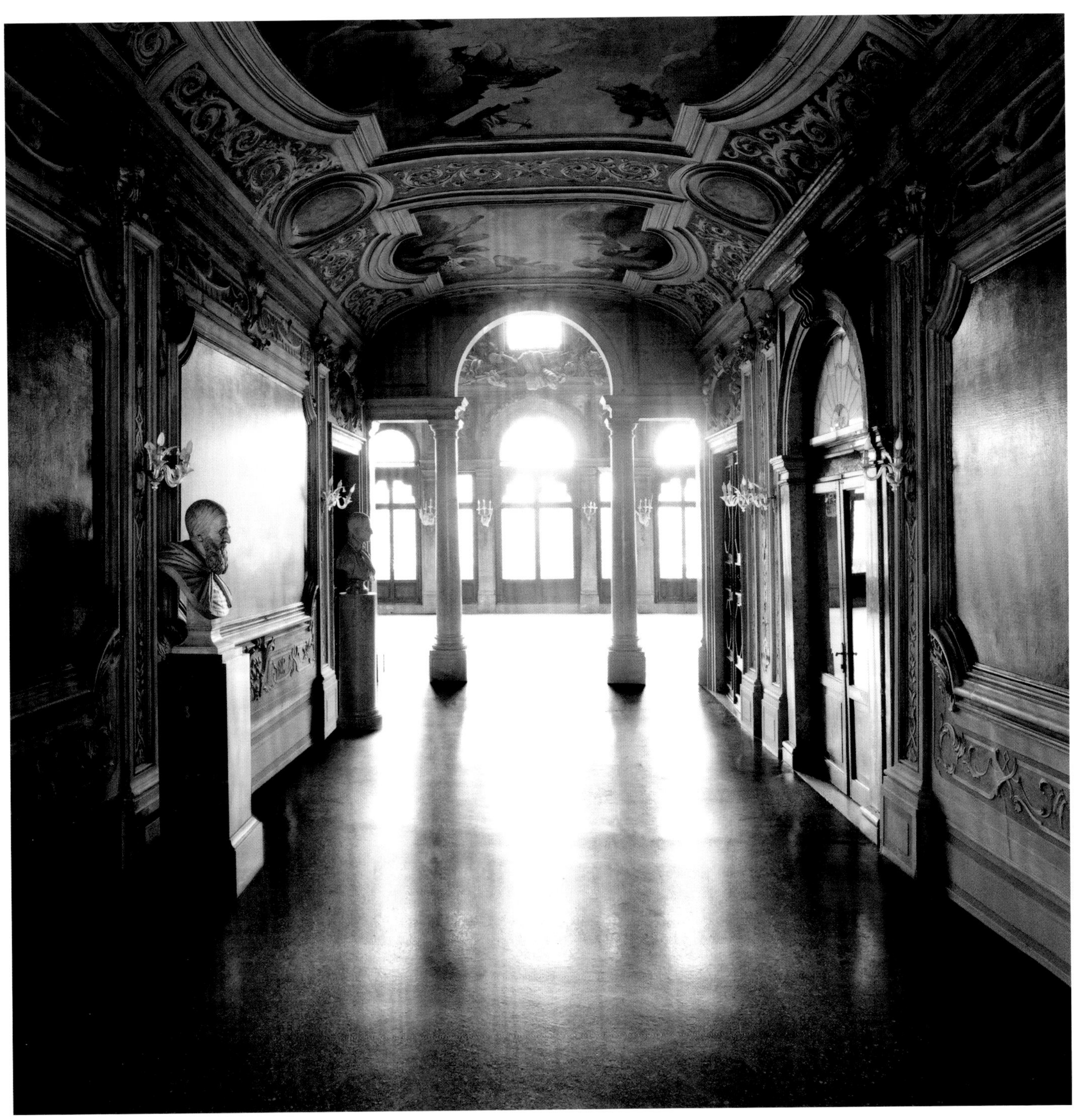

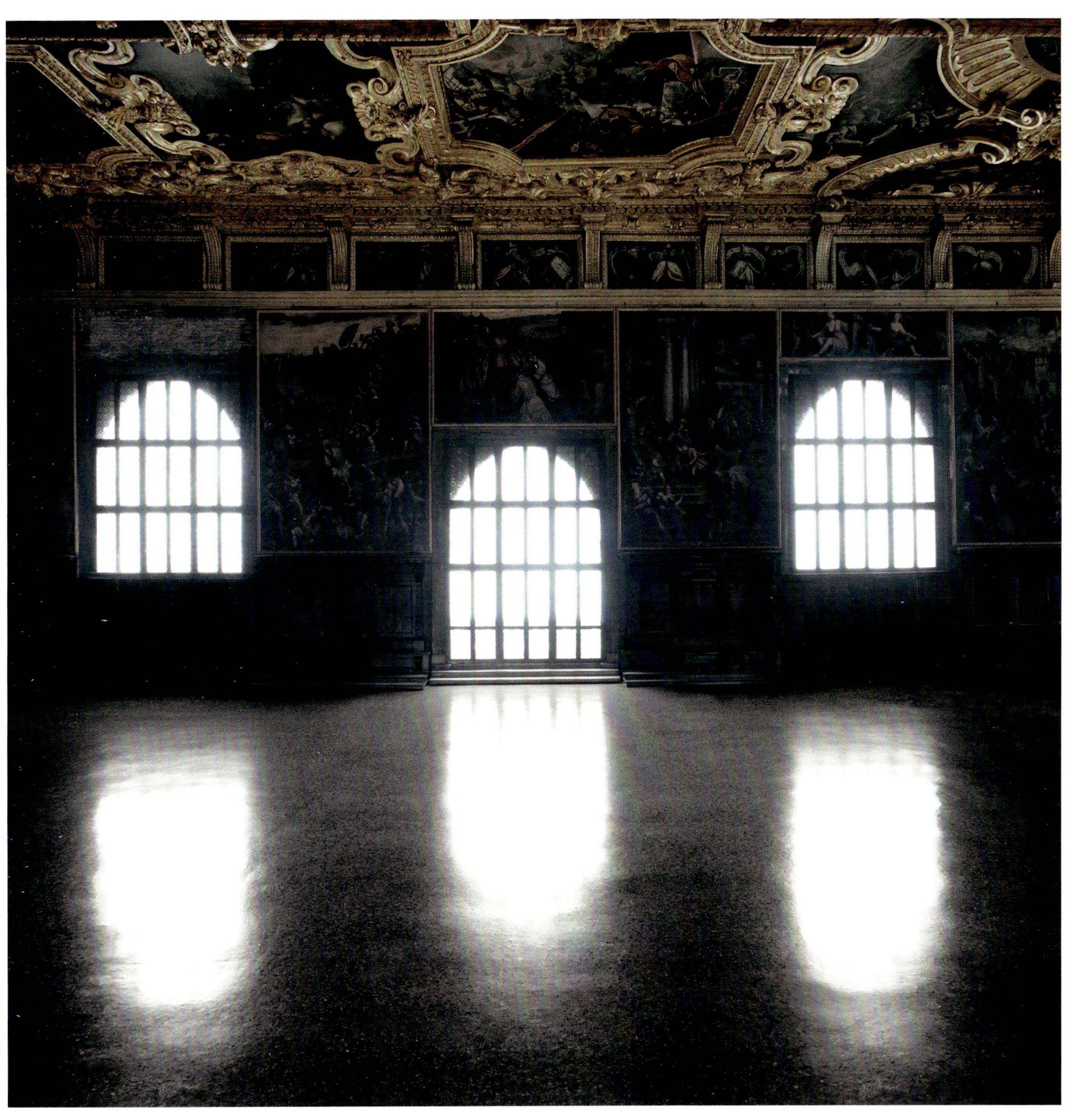

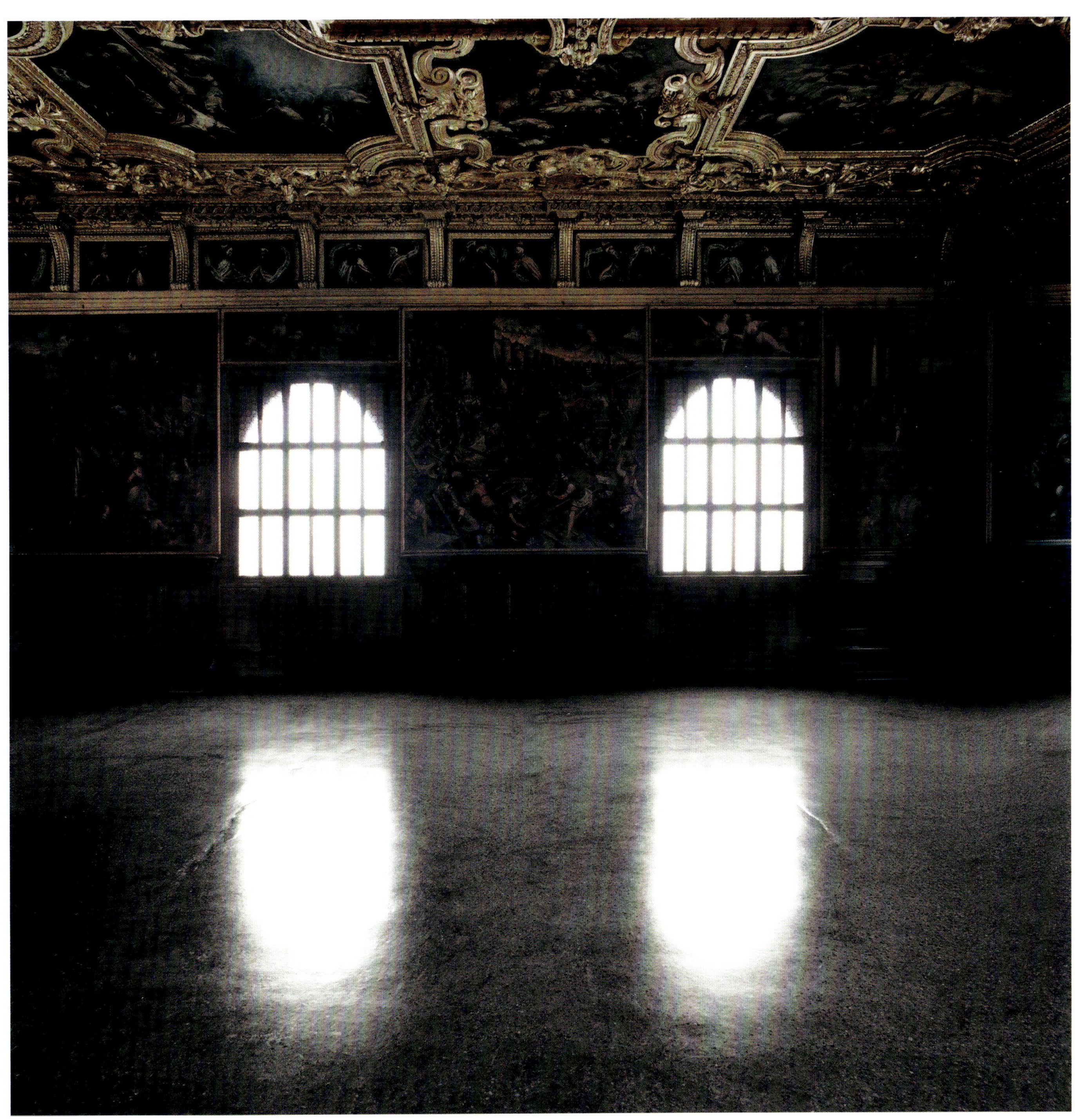

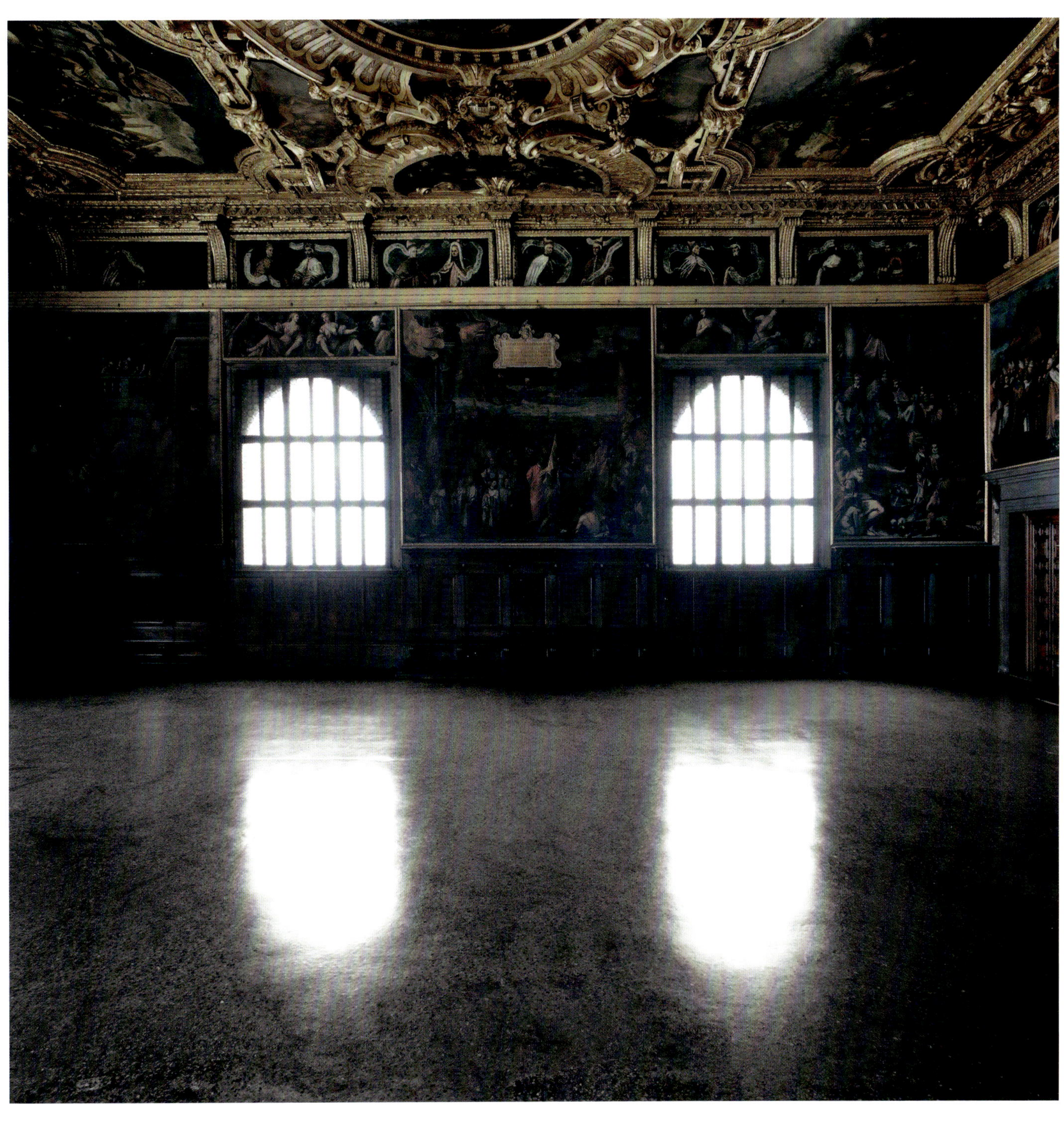

# CONTROFACCIATA

1. *Basilica di San Marco, 2025*
2. *Palazzo van Axel, 2024*
3. *Palazzo Balbi, 2024*
4. *Palazzo Balbi Valier I, 2025*
5. *Palazzo Balbi Valier II, 2005*
6. *Palazzo Barbarigo della Terrazza, 2011*
7. *Palazzo Barbaro, 2024*
8. *Palazzo Bernardo, 2016*
9. *Palazzetto Bru Zane, 2011*
10. *Palazzo Clary, 2025*
11. *Palazzo Contarini delle Figure, 2025*
12. *Palazzo Contarini Corfù I, 2005*
13. *Palazzo Contarini Corfù II, 2024*
14. *Palazzo Contarini dal Zaffo I, 2007*
15. *Palazzo Contarini dal Zaffo II, 2007*
16. *Ca' Corner della Regina, 2016*
17. *Palazzo Corner Mocenigo, 2011*
18. *Palazzo Corner Spinelli, 2025*
19. *Palazzo Diedo, 2024*
20. *Palazzo Dolfin Manin, 2011*
21. *Palazzo Donà dalle Rose, 2014*
22. *Palazzo Erizzo, 2014*
23. *Palazzo Falier, 2025*

24. *Palazzo Flangini, 2014*
25. *Ca' Farsetti, 2014*
26. *Palazzo Fortuny, 2014*
27. *Palazzo Franchetti, 2005*
28. *Palazzo Garzoni, 2025*
29. *Palazzo Giovanelli, 2024*
30. *Ca' Giustinian Morosini, 2014*
31. *Palazzo Giustinian, 2024*
32. *Palazzo Giustinian Persico, 2005*
33. *Palazzo Giustinian Recanati, 2014*
34. *Palazzo Grimani, 2024*
35. *Palazzo Gritti, 2011*
36. *Ca' Loredan, 2004*
37. *Palazzo Loredan dell'Ambasciatore, 2004*
38. *Palazzo Loredan, 2025*
39. *Palazzo Malipiero, 2024*
40. *Palazzo Priuli Manfrin, 2024*
41. *Biblioteca Marciana, 2014*
42. *Palazzo Mocenigo I, 2004*
43. *Palazzo Mocenigo II, 2007*
44. *Palazzo Mocenigo III, 2025*
45. *Palazzo Mocenigo IV, 2004*
46. *Palazzo Mocenigo V, 2011*

47. *Palazzo Molin, 2025*
48. *Ca' da Mosto, 2025*
49. *Palazzo da Mosto, 2024*
50. *Palazzo Nomboli, 2011*
51. *Ca' d'Oro, 2024*
52. *Palazzo Papadopoli, 2007*
53. *Palazzo Pisani, 2024*
54. *Ca' Pisani Moretta, 2025*
55. *Palazzo Querini Benzon, 2007*
56. *Palazzo Querini Stampalia, 2011*
57. *Ca' Rezzonico, 2004*
58. *Ca' Sagredo, 2014*
59. *Palazzo Seriman, 2011*
60. *Palazzo Soranzo Cappello, 2014*
61. *Palazzo Soranzo Piovene, 2011*
62. *Casa dei Tre Oci, 2025*
63. *Ca' Vendramin Calergi, 2014*
64. *Palazzo Volpi, 2024*
65. *Palazzo Widmann, 2024*
66. *Ca' Zenobio, 2014*
67. *Palazzo Ducale I, 2011*
68. *Palazzo Ducale II, 2011*
69. *Palazzo Ducale III, 2011*

131 x 131 cm, stampa a getto d'inchiostro montata su dibond, plexiglass museale, cornice d'artista in ottone
131 x 131 cm, inkjet print mounted on dibond, museum plexiglass, brass artist frame

Prima edizione aprile 2025
ISBN 979-12-5463-304-5

*Fotolito e coordinamento stampa*
Opero s.r.l., Verona
*Stampa*
Verona Stampa, San Giovanni Lupatoto (Vr)
*per*
Marsilio Arte s.r.l., Venezia